Sebastian Stranz

AF237179

Yeshuas Heilstrom

Die Segenskraft
der Erlösung
im eigenen Leben
wirksam werden lassen

Alle hier gegebenen Empfehlungen sollen niemanden vom Gang zum Arzt seines Vertrauens abhalten.

Impressum

© 2021 Sebastian Stranz
www.werde-heil.de
Coverbild:
auf Grundlage eines free-Cliparts selbst erstellt
Herstellung und Verlag:
BoD – Books on Demand, Norderstedt
ISBN: 9783754397428

Inhalt

Das Geschenk ist noch nicht ausgepackt

Es ist ein großes Thema.

Ob ich befugt oder berufen oder überhaupt begabt genug bin, darüber zu schreiben? – Darüber hege ich große Zweifel.

Ob es notwendig ist, dass über den christlichen Glaubensweg heute noch ein weiteres Buch erscheint? – Da bin ich mir hundertprozentig sicher!

Nun bin ich 58 Jahre alt und seit über 40 Jahren ein bewusster und praktizierender Christ. Erst seit wenigen Jahren entdecke ich in tiefer Meditation das wahre Geschenk, das der christliche Weg für die Menschen bereithält. So fühle ich mich auf dem Weg ganz am Anfang. Hier schreibt kein Erleuchteter, sondern einer, der den Weg gerade erst gefunden hat. Meine eigene Wahrheitssuche hat mich dahin geführt.

Sie hat deshalb so lange gedauert, weil es weit und breit keine Lehrer gibt, die die Einfachheit und Schönheit des Weges vermitteln, der es uns ermöglicht, an der Erlösung unmittelbar und erfahrbar teilzuhaben. Das ist der Grund, weshalb ich mich entschlossen habe, dieses Buch zu schreiben. Ich fühle mich als ein reich Beschenkter. Doch das heutige Christentum ist, als ob die Menschen zu Weihnachten an der Krippe zusammenkommen, aber die Geschenke nicht auspacken! Die Kraft der Erlösung ist erfahrbar! – Wann nehmen wir das Geschenk endlich an? Für diese Erfahrung bedarf es in der Regel nicht nur einer Bekehrung: Es bedarf der gelebten Praxis im äußeren Alltag und der regelmäßigen Übung der Verinnerlichung durch Gebet und Meditation.

Es ist unfassbar, wie reich das westliche Abendland beschenkt ist! Im Materiellen ist es anderen Weltregionen weit überlegen. Und im Spirituellen? Es ist im Besitz des größten Geschenkes der Menschheitsgeschichte: des Wissens um die Erlösung. Aber es packt das Geschenk einfach nicht aus! – Um die Erlösung zu erfahren, um sich von ihr erfüllen zu lassen und um durch sie Trost, Heilung an Seele und Leib, sowie Wegweisung zu Reichtum und Fülle zu erfahren. So leben die Menschen im Abendland trotz des relativen materiellen Wohlstandes so oft in Elend und Krankheit, in Streit und Sorge, in Gefühlen des Stresses, der Fremdbestimmung, der Vereinsamung und der spirituellen Finsternis.

Warum packen wir das Geschenk nicht aus? Wir können ein Basenbad mit ätherischen Ölen nehmen, um unserem Körper etwas Gutes zu tun. Wir können in Yeshuas Heilstrom baden, um unserer Seele etwas Gutes zu tun. Leiden wir nicht alle an dieser Welt auf die eine oder andere Weise? Yeshua kann die Wunden unserer Seele heilen! Was nur spricht dagegen, sein Geschenk anzunehmen?

Wir halten uns selber davon ab, indem wir uns mit Konsum ablenken, indem wir uns mit Politik ablenken, indem wir uns selber nicht für würdig dafür halten, weil wir ja sowieso nicht auf dem richtigen Weg wären. Das sind die Einflüsterungen der Finsternis.

Eine „christliche" Kirche, die diesen Namen verdient, lehrt uns, wie wir Yeshuas Heilstrom erfahren können. Die meisten Kirchen aber liefern uns mit ihrem Brimborium – mit oberflächlichen Ritualen, mit Goldgepränge und Würdenträgern und mit Predigten, die nicht von der eigenen Erfahrung beseelt sind – ein Geschenkpaket, das sich als leer erweist! Ein „Christentum", das seinen eigenen Kern, seine eigene Essenz kennt und zu schätzen weiß, ist in dieser Welt so gut wie gar nicht zu finden.

Daher mein Eindruck, dass dieses Buch notwendig ist. Dabei besteht überhaupt nicht der Anspruch, in diesem Buch etwas Neues zu schreiben. Ich bin verschiedenen Quellen der spirituellen Lehren tief dankbar: Außer den Botschaften der Bibeln sind es Jenseitsberichte, christliche Neuoffenbarungen und Bücher über Yoga. Ein solcher Rundumschlag wird von den konservativen Lagern der Religionen verurteilt. Mir hat dieser Weg durch eigene Erfahrung und durch die kritischen Rückmeldungen gutmeinender Mitmenschen immer wieder gezeigt, wie viele Vorurteile durch Nichtwissen entstehen.

Für einen Wahrheitssucher, der sich mit einer begrenzten, „erlaubten" Wahrheit nicht zufriedengibt, gibt es keine Grenzen des Wissens. Er stellt seine Fragen und nimmt die Antworten an, wo er sie eben findet, egal aus welcher Quelle.

„...prüfet aber alles, und das Gute behaltet."

1 Thessalonicher 5,21[1]

Die Antworten setzen sich im Menschen selber wie ein Mosaik zusammen zu einem stimmigen Bild der spirituellen Wahrheit. Das ist nur möglich in einem erkenntnisoffenen Prozess. Dieser Prozess hat mich zu einer Schau des spirituellen Weges geführt, die es mir ermöglicht, durch regelmäßige Übung die Kraft der Erlösung immer tiefer zu erfahren. Es gibt im äußeren keinen Lehrer, der mir das beigebracht hätte. Wie aber sollen die Menschen die christliche Botschaft erfassen, wenn sie die Segenskraft der Erlösung nicht unmittelbar im eigenen Innern erfahren?

Dieses Buch möchte versuchen, den Weg dazu aufzuzeigen und einen Begriff von den Potentialen zu vermitteln, die der christliche Weg uns bietet. Vielleicht kann es ein kleiner Baustein dazu sein, dass Interessenten für ein tieferes, mystisches Christentum künftig nicht mehr über 40 Jahre benötigen, um den Schlüssel zur Quelle zu finden…

Der Weg der Bibelgläubigen steht zu dem „erkenntnisoffenen Prozess der Wahrheitssuche" im diametralen Gegensatz. Durch die Heiligsprechung der Bibel findet erst gar keine Wahrheitssuche statt. Wer die Bibel habe, der habe die ganze Wahrheit, da stehe ja alles drin. Punkt, Aus, fertig. Wer an Bibelstellen zweifelt, gilt nicht als Wahrheitssucher, sondern als ungläubig.

Wer Bücher heiligspricht, wird andere Bücher verdammen. Das sind die zwei Seiten der gleichen Münze. Deshalb sind Heiligsprechungen von Büchern für den Erkenntnisprozess genauso schädlich wie das Verbrennen!

Es darf bezweifelt werden, ob in einem Buch über Spiritualität und Religion, in dem die Wörter „Spiritualität" und „Religion" noch nicht einmal vorkommen, wirklich die ganze Wahrheit so vollständig und eindeutig drinsteht (ebensowenig wie andere entscheidende Schlüsselwörter – „Reinkarnation", „Karma", „Vegetarismus", „Prana" oder „Ätherkraft" etc.).

Es ist offenkundig, dass die Bibel nicht unsere heutige Sprache spricht. Daher bedürfen die Verse der Bibel natürlich der Auslegung und der Deutung. Umso erstaunlicher ist, dass sich gerade unter den Bibelgläubigen bestimmte Deutungen so sehr festgesetzt haben, dass sie als die alleinige Wahrheit gelten – obwohl durchaus auch andere Deutungen möglich wären:

- Glaube an Reinkarnation wäre unchristlich.

- Es gäbe Verdammte, die eine „ewige" Hölle erwartet.

- Gott wollte Jesus leiden sehen als Preis für die Sündhaftigkeit der Menschen. Durch den Glauben an Jesu Sühneopfer würden die Sünden des Menschen weggewaschen.

Die Bibelgläubigen wollen den Menschen diese Glaubensauffassungen weitergeben und begründen sie mit der Bibel. Die Bibel aber schreibt solche Glaubensauffassungen keineswegs vor. Es sind diese Dogmen, die im Grunde die Erlöserkraft des Herrn, die das ganze All durchströmt, die im Menschen gegenwärtig ist und zur Wirkung gelangen will – unter Verschluss halten!

Die Reinkarnation wird in der Bibel weder verteidigt noch verworfen. Vielmehr geht aus mehreren Stellen hervor, dass sie zur Zeit Jesu verbreitetes Glaubensgut war. Damit konfrontiert klären Johannes der Täufer oder Jesus nicht etwa darüber auf, eine Reinkarnation gäbe es doch gar nicht. Der Umgang mit dem Thema weist eher darauf hin, dass sie den Glauben an die Reinkarnation grundsätzlich teilten.

Das griechische Wort „aion" in den Urschriften, wo es um die Aufenthaltsorte der Sünder im Jenseits geht, kann mit „Ewigkeit" übersetzt werden, aber ebenso mit „langer Zeitraum" (deutsch „Äon").

Es heißt:

„So wir aber im Licht wandeln, wie er im Licht ist,
so haben wir Gemeinschaft untereinander,
und das Blut Jesu Christi, seines Sohnes,
macht uns rein von aller Sünde."
(1. Johannes 1,7)

Es scheint so, als ob die Bibelgläubigen hier aufhören zu lesen. Denn es heißt weiter:

„So wir sagen, wir haben keine Sünde, so
verführen wir uns selbst, und die Wahrheit ist
nicht in uns.
So wir aber unsre Sünden bekennen, so ist er treu
und gerecht, daß er uns die Sünden vergibt
und reinigt uns von aller Untugend..."
(1. Johannes 1,8-9)

Müsste der Mensch seine Sünden bekennen, wenn sie doch durch den Glauben an Jesu Erlösertat weggewaschen wären? – Laut der Bibel, sind sie offenbar NICHT weggewaschen. Könnte es nicht sein, dass die Deutung, dass Gott angeblich ein scheußlich leidendes reines

Opferlamm benötigte, um sich mit den Sünden der Menschen zu versöhnen, einfach ein Märchen ist?

Wie kommt es, dass diese Darstellung des göttlichen Vaters als ein psychopathischer Verdammer, der mit schwarzmagischen Blutopfern besänftigt werden muss, so verbreitet ist, und dass diese Darstellung merkwürdigerweise den Bibelgläubigen auch noch Zuflucht und Trost bedeutet???

Da jedoch diese Deutung üblicherweise als die Darstellung der christlichen Botschaft gehandelt wird, fühlen sich natürlich viele Menschen vom „Christentum" abgestoßen. Wir wollen uns hier nicht mit der Psyche derer beschäftigen, die sich durch eine solche Botschaft angezogen fühlen und für die sie nicht im Geringsten im Widerspruch steht zu einem liebenden und fürsorgenden Gott... (???)

Wichtig ist sich klarzumachen: Diejenigen, die wegen dieser Botschaft „das Christentum" als überholt oder sogar als Irrlehre betrachten, haben nicht recht! Denn das IST NICHT „das Christentum"! Das ist nur eine sehr merkwürdige Deutung, die dadurch nicht wahrer wird, dass sie eine solche Verbreitung gefunden hat.

Es heißt, „Jesus ist für unsere Sünden am Kreuz gestorben". Für viele ist dieser Satz ganz selbstverständlich die Kernbotschaft ihres christlichen Glaubens. Doch sind unsere Sünden wirklich so groß und so wichtig? Ging es nicht um sehr viel mehr, um einen Kampf zwischen Licht und Finsternis? – Um Sein oder Nichtsein?

Unsere Sünden sind weder der Anlass für Jesu Opfertat auf Golgatha, noch sind sie dadurch aufgehoben. Die Idee von einem Tauschhandel „Blut gegen Sünden" ist falsch! Wir müssen endlich andere Bilder finden für das, was da wirklich geschah! Sagen wir mal, es geht um einen Unternehmer mit einem großen Konzern. Die Finsternis wollte gnadenlos sämtliche Angestellten des Konzerns verhungern lassen, durch eine globale Inflation. Der Unternehmer veranlasst als Weihnachts-Gratifikation eine gigantische Ausschüttung von Aktien – an jeden einzelnen dieser Angestellten. Die wenigsten kennen ihre Aktie, doch durch die Dividenden überleben alle Angestellten, sie können nicht mehr verhungern. Warum wissen wir nichts von unserer Aktie? Nicht einmal die „christlichen" Kirchen weisen uns darauf hin! – Dabei können wir den Wert unserer Aktie erheblich steigern, sobald wir ihrer bewusst werden...

Das Geheimnis von Golgatha

Das wahre Geheimnis von Golgatha liegt im Erlöserfunken.

Das wahre Geheimnis von Golgatha liegt nicht im Schmerz eines unschuldigen Lammes, liegt nicht im Blut Jesu, das uns angeblich von unseren Sünden reinwaschen soll. Unsere Sünden bleiben uns erhalten – auch wenn wir an Jesus und an seine Mission als Erlöser der Menschheit glauben. Auch als Gläubige kommen wir nicht um den anstrengenden und peinlichen Weg der Bereinigung herum: in der Selbsterkenntnis seine Fehler zu erkennen, sie vor Christus einzugestehen, sofern wir unseren Mitmenschen geschadet haben, sie um Vergebung zu bitten und soweit möglich, wiedergutzumachen, das Sündhafte abzulegen und nicht mehr zu tun, sich anstattdessen göttliche Gesetzmäßigkeiten anzueignen und sie im Leben allmählich einzuüben.

Das ist der Weg, und die Mär vom „Vollwaschgang", zu dem uns der bloße Glaube an seine Erlösertat verhelfen soll, ist eine Lüge, die die Lehre Jesu entstellt und verzerrt: Er hat in der Bergpredigt den Weg des Tatchristen gelehrt, nicht den Weg des bloßen „Glaubenschristen". Diese Lehre verzerrt außerdem unsere Sicht auf den Vater: Den perversen Rachegott, der für unsere Sünden angeblich eines grausamen Blutopfers bedarf, gibt es nicht! Gott-Vater ist ein Gott der Liebe und liebt jedes seiner Kinder! Auch ohne Blutopfer würde er niemals eines seiner Kinder in eine ewige Verdammnis schicken! Das können ganz sicher auch viele Bibelchristen nachempfinden.

Die furchtbare Interpretation vom blutrünstigen Rachegott entstand vielleicht aus dem Bestreben der Finsternis, die wundervolle Wahrheit zu vertuschen und zu verdecken. Aber dass so viele Menschen sich mit einer solchen widersprüchlichen Interpretation zufriedengeben, liegt vielleicht auch einfach daran, dass ihnen keine Alternative angeboten wurde. Sie stehen mit einer gewissen Hilflosigkeit vor dieser unfassbaren Opfertat. Sie ist in der Geschichte der Menschen einzigartig, ohne Beispiel, es ist für den menschlichen Verstand nicht fassbar. Wer ehrlich im Herzen gepackt ist von dem Opfer, das der Mensch Jesus gebracht hat, aber dem das spirituelle Hintergrundwissen fehlt, der ordnet es falsch ein und verfällt einer Deutung, die die Kirchen kolportieren, die ihnen als einzige Deutung angeboten wird. So ist es für sie der einzige Weg, das Opfer von Golgatha im Herzen anzunehmen, wenn sie die mitgelieferte falsche Deutung mit annehmen.

Das wahre Geheimnis von Golgatha liegt im Erlöserfunken, der mit dem „Vollbracht" ausgeschüttet wurde in die gesamte gefallene Schöpfung, so auch in jede Seele und in jeden Menschen.

Zur näheren Erläuterung sei hier eine Passage angeführt aus dem Kapitel „Christliche Erlösung richtiggestellt" aus dem Buch „Christliches Yoga"[2]:

„Der Grund dafür, dass das Christentum eine solche besondere Bedeutung unter den Religionen hat, liegt in seiner Auffassung vom Wesen Jesu Christi als Sohn Gottes und von der christlichen Erlösung. Dass das Christentum in der Menschheit sich nicht in der Weise durchgesetzt hat, wie es seinem Selbstverständnis nach dessen Auftrag wäre, liegt unter anderem daran, dass die christliche Erlösung von den Kirchen falsch übermittelt wurde.

Das Enttäuschende ist, dass auch durch die ‚Erleuchteten' aus dem Osten, die sich mit dem Weg Jesu beschäftigen, keine Richtigstellung erfolgt.

Auch sie bieten keine brauchbare Deutung des christlichen Erlösungsgeschehens an.

(…)

Aber ihr sollt euch nicht Rabbi nennen lassen;
denn einer ist euer Meister, Christus;
ihr aber seid alle Brüder.

Matthäus 23,8

Niemand kommt zum Vater
als nur durch mich.

Johannes 14,6

(…)

Die östlichen Lehrer kennen offenbar nicht die wahre Bedeutung der christlichen Erlösung. Deshalb überlesen sie die Worte Jesu oder deuten sie um in dem Sinne, sie wären nicht auf die Person Jesus, den Christus, sondern auf das allgegenwärtige Christusbewusstsein bezogen, das ja schließlich in jedem Menschen sei. Durch diese Lesart werden die eindeutigen Aussagen Jesu nicht nur verkompliziert und verbogen – diese Deutung spart auch eine Erklärung des Golgatha-Opfers aus. Als habe es nie stattgefunden, wird der Weg der Erlösung in der Weise fortgeführt, wie er vor Golgatha gegolten hat.

Hier liegt jedoch ein Irrtum vor, der offensichtlich auf spiritueller Unwissenheit beruht.

Eine Aufklärung findet sich in den Neuoffenbarungen durch Gabriele von Würzburg, geboren 1933, Gottes Sprachrohr für die Jetztzeit[3]. In diesen Neuoffenbarungen wird die Bedeutung des Golgatha-Opfers erklärt, wie es offensichtlich die ‚Meister' der östlichen Wege nicht erkannt haben – obwohl sie sich ja mit der Person und den Lehren Jesu auseinandergesetzt haben und für sich in Anspruch nehmen, sie tiefer zu deuten als die westliche Theologie.

Die urchristliche Auffassung des Erlösungsgeschehens gebe ich hier mit meinen eigenen Worten nach meinem persönlichen Verständnis wieder.

Jesus war nicht einfach nur irgendein Mensch, der das Christusbewusstsein entwickelt hat, sondern er war der inkarnierte Christus. Er musste einen Weg als Mensch gehen, er musste das Christusbewusstsein erst entfalten. Aber als Person war und ist er der erstgeschaute und erstgeborene Sohn Gottes, der Mitregent der Himmel, der zur Rechten des Vaters sitzt, Träger und Verwalter der

‚Teilkraft in der Urkraft', das heißt eines Drittels der Schöpferkraft des Universums.

Um seine Erlösertat darzustellen, muss ausgeholt werden. Nach dem Weltbild der Urchristen war die Materie nicht von vornherein da, auch nicht als ein verdichteter Punkt, der sich durch einen ‚Urknall' entfaltete. Sondern nach diesem Weltbild ist die Materie ein heruntertransformierter Teil der geistigen Welten. Die astralen und die materiellen Welten haben sich aus Teilen der kausalen Ebene (=Himmelreich) gebildet, weil sich Geistwesen gegen den Schöpfergott gestellt haben. Es begann mit Satana, dem Geistdual Jahwes, und Luzifer, ihrem Zweitgeborenen. Satana war also in der geistigen Welt die Mutter Jesu und Luzifer, der Zweitgeborene, war sein geistiger Bruder. Daraus ersehen wir, dass es „den Teufel" nicht gibt – weder als ein Geschöpf Gottes, noch als ein zweiter negativer Gott einer zweiten negativen Schöpfung. Die „Negativwesen" sind alle nur gefallene Engel, gefallene Kinder des einen gütigen Schöpfergottes und werden auch alle wieder in die himmlischen Welten zurückfinden – die *Wiederherstellung aller Dinge, von denen Gott durch den Mund seiner heiligen Propheten von jeher geredet hat* (Apostelgeschichte 3,21). Die urchristliche Lehre und eine gewissenhafte Interpretation der Bibel widersprechen sich nicht!

Die Geistwesen, die sich gegen Gott stellten – Satana, Luzifer und alle, die sich ihnen anschlossen – entfernten sich von Gott. Hier kann mit ‚Entfernung' nicht eine räumliche Trennung gemeint sein, denn Gott ist überall. Sondern mit ‚Entfernung' ist hier die materielle Verdichtung gemeint, die den geistigen Horizont einschränkt und die in der Schwingungsfrequenz weit von den geistigen Welten „entfernt" ist. Diese Entwicklung nennt man den ‚Fall'. So erklärt sich auch die Entstehung des Menschen: Nicht als ein Abkömmling des Affen, der wiederum ein Abkömmling der ersten Amöbe gewesen sein soll, die sich aus zufälligen Prozessen aus Molekülen gebildet haben soll. Sondern der Mensch ist ein verdichtetes Geistwesen. Die ersten ‚Menschen' waren teilverdichtete Geistwesen, die den Erdplaneten bevölkerten. Sie wurden nicht gezeugt und nicht geboren, so starben sie auch nicht. Wenn ihre Zeit gekommen war, wechselten sie einfach den Planeten, indem ihre Schwingung wieder angehoben wurde (die Erde ist der Planet mit der dichtesten Materie im Universum).

Adam und Eva waren nicht ‚die ersten Menschen' auf der Erde, sondern es waren die ersten verdichteten Geistwesen, die ihre Nachkommen durch körperliche Zeugung bekamen. Seitdem galt ‚Im Schweiße Deines Angesichts sollst du dir dein Brot verdienen' und seitdem kam das Sterben auf. Dennoch war der Weg nicht verbaut, dass ein Erdenmensch durch ein gottzugewandtes Leben die Schwingung seines Leibes wieder anhob und ohne ein Grab zu hinterlassen die Ebene wechselte (Henoch, Elias, Jesus, Babaji, Saint Germain…).

Die Entstehung des materiellen Menschen und der verdichteten materiellen Welten wird als ‚der Fall' bezeichnet. Die Ursache des Falls liegt in einer Rebellion gegen Gott, der sich immer mehr Geistwesen anschlossen. Viele Geistwesen inkarnierten aber auch in der Materie, um ihren Geschwistern zu helfen und sie zur Umkehr zu bewegen. Ein Teil von ihnen verstrickte sich dann selber in der Materie und in den mit ihr verbundenen Wünschen und Begierden. Bei alledem blieb das gefallene materielle und astrale Universum gegenüber dem rein gebliebenen kausalen Universum immer nur wie ein kleiner dunkler Fleck auf der Sonne — nur ein vergleichsweise winziger Teil der göttlichen Schöpfung.

Dennoch drohte die Sache aus dem Ruder zu laufen. Die Materie war ja niemals abgetrennt von den geistigen Welten, sondern war immer ein Teil von ihnen, auf das Innigste mit ihnen verbunden. Der Plan der dunklen Mächte war, die schöpferische Vorwärtsbewegung der Elemente am tiefsten Punkt der Materie kippen zu lassen, d.h. in eine Rückwärtsbewegung umzudrehen. Die Folge: Die Schöpfung hätte sich zurückentwickelt, sie hätte sich wieder aufgelöst. Dieser Auflösungsprozess wäre nicht mehr zu stoppen gewesen und hätte nach und nach die gesamte Schöpfung – auch die kausale, geistige – erfasst.

Das ist der Grund, weshalb viele geistige Lehrer des Ostens vor der Erlösertat die Reinkarnation des Menschen als Tier beschrieben (was dank der Erlösertat niemals eintrat) und weshalb sie nicht mehr das Himmelreich als das Heilsziel beschrieben, sondern das Aufgehen im formlosen Nirwana oder Selbst oder Allbewusstsein. Das bewusste Erreichen des formlosen geistigen Urgrunds wurde als das Ziel der Erlösung formuliert, denn ein Fortbestehen der himmlischen Schöpfung konnte nicht mehr gewährleistet werden. Was hätte jedoch die Schöpfung für einen Sinn, wenn sie sich einfach wieder im Formlosen auflöste?

Es war der Plan Gottes, durch die Erdenmission Jesu den ‚Fall' wieder umzudrehen, indem Jesus ‚das auserwählte Volk' um sich scharen sollte, um mit ihm zusammen das Friedensreich auf Erden zu errichten. Das hätte durch einen Schneeballeffekt nach und nach zu einer Umkehr der gesamten Menschheit geführt. Das israelische Volk hatte zu dieser Zeit eine Schlüsselposition inne und hätte die Kraft dazu gehabt. Genau wie Jesus waren extra für diese große Mission viele Seelen inkarniert und teilweise über mehrere Inkarnationen vorbereitet worden. Aber anders als Jesus waren viele dieser inkarnierten Seelen aus dem Stamme David selber gefallen und hatten sich in ihre eigenen menschlichen Irrwege verstrickt. Daher konnten sie Jesus als den gesandten Messias nicht mehr erkennen und annehmen. Jesus fand nur noch – bemessen an dem großen Plan – eine kleine Schar, die sich ihm vorbehaltlos anschloss.

Das Scheitern des jüdischen Volkes an seinem göttlichen Auftrag gipfelte in der Preisgabe Jesu an die römischen Scharfrichter mit dem Ausruf

Kreuzige ihn!

Johannes 19,15

*Sein Blut komme über uns
und über unsere Kinder!*

Matthäus 27,25

Doch diese Szene vor Pilatus war nur der Höhepunkt eines großen Versagens. Das eigentliche Versagen des jüdischen Volkes entwickelte sich bereits viel früher. Es lag darin, dass es den Messias nicht annahm, um mit ihm gemeinsam das Friedensreich aufzubauen und den Fall umzudrehen zu einem Wiederaufstieg der Schöpfung. Der kleine Teil des jüdischen Volkes, der den Plan Gottes erfüllte, drückte sich zum Beispiel in der Gemeinschaft der ‚Essäer' aus, die in der Aufzählung der jüdischen Stämme gerne unterschlagen wird. Diese Gemeinschaft erfüllte die Mission, das Wirken Jesu zu begleiten und zu unterstützen. Da sie jedoch zu wenige waren, um mit ihm zusammen das Friedensreich aufzubauen, begleiteten sie ihn auf seinem Weg zur Erlösertat auf Golgatha.

Es wurde deutlich, dass der Plan, mit dem inkarnierten Christus als Keimzelle das Friedensreich auf Erden zu errichten, nicht aufging und auf diese Weise der Fall nicht zu stoppen war. Deshalb musste Plan B greifen. Plan B war die Ausschüttung des geistigen Erbes Jesu, der ‚Teilkraft in der Urkraft', des einen Drittels der geistigen Schöpferkraft. Dieses Licht aus den Himmeln sollte sich in jede gefallene Seele und in alle gefallenen Elemente und Atome ergießen, um der gefallenen Schöpfung Stütze zu sein. Durch diesen ‚Erlöserfunken', der jedem von uns innewohnt, ist eine Auflösung der Schöpfung nicht mehr möglich.

Um diese hohe Mission erfüllen zu können, musste Jesus sich allen Versuchungen durch die dunklen Kräfte stellen. Es ist ein geistiges Gesetz, dass ein spiritueller Mensch auf dem Weg von den dunklen Kräften umso mehr versucht wird, je größer das Licht in ihm wird. Es war wichtig, dass Jesus als Gottes erstgeschauter und erstgeborener Sohn nicht einen Sonderbonus erhielt, dass er selber die größten Versuchungen am eigenen Leib erfuhr, um aus eigener Kraft rein daraus hervorzugehen.

Der Kreuzestod war die größte Versuchung, die vorstellbar ist: Einen furchtbaren Foltertod zu erdulden, ohne Groll und Rachegefühle gegen seine Peiniger in sich aufkommen zu lassen und ohne im

Glauben an den gütigen Vater zu wanken. Jesus hat diese Prüfung bis zu Ende durchgestanden.

Bei seinem ‚Es ist vollbracht' ergoss sich die Teilkraft in der Urkraft in alle Bereiche der Materie, in alle inkarnierten Seelen und auch in die gefallenen Astralwelten. Das ‚Vollbracht' hat alles verändert:

- Die Auflösung wurde verhindert, daher darf als das Heilsziel ein ewiges Leben in den manifestierten himmlischen Welten formuliert werden.

- Die Fallebenen wurden zu Reinigungsebenen.

- Jede Seele – egal ob bewusst oder unbewusst, egal ob inkarniert oder in den Astralwelten – ist seitdem Träger des ‚Christusfunkens' oder ‚Erlöserfunkens', mit der Aufgabe, ihn zur Entfaltung zu bringen.

- Ein Durchschreiten des Himmelstores ist seitdem nur noch möglich mit einem Anerkennen der Erlösertat. Denn der ‚Erlöserfunke', den jeder Mensch bewusst oder unbewusst in sich trägt, muss mit hinein (was nicht bedeutet, dass nur die Seelen in den Himmel kommen, die sich bereits in ihrem Erdenleben zu Christus bekannt haben).

- Die bisherigen ‚Meister', sofern sie authentisch waren, wurden zu Brüdern…"

Soweit die Passage aus „Christliches Yoga".

Bei der Ausschüttung der Teilkraft in der Urkraft in unzähligen Erlöserfunken handelt es sich um ein gewaltiges kosmisch-energetisches Geschehen. Die biblischen Evangelien schildern ein Erdbeben und schildern das Aufsteigen von Seelen aus den Gräbern. In dem Erdbeben drückte sich die Ausschüttung der Teilkraft in der Urkraft aus, die Anhebung der Materieschwingung durch die Myriaden von Erlöserfunken.

Der Energieschub, der jede Seele, ob inkarniert oder in den Seelenreichen, erreichte, bewirkte einen Schub für ihre Entwicklung. Erdgebundene Seelen konnten sich mit einem Mal lösen und ihren Weg in die geistigen Ebenen antreten. Das ist es, was hellsichtige Menschen sahen und was sich in der Bibel niederschlug in dem Vers:

Und die Erde erbebte, und die Felsen zerrissen, die Gräber taten sich auf, und standen auf viele Leiber der Heiligen, die da schliefen,...

Matthäus 27,52

So ist es mit vielen Versen in der Bibel: Sie beschreiben geistige Wirklichkeiten, aber aus spiritueller Unwissenheit heraus verwendet sie oft irreführende Begriffe. Diese können in den Urschriften, in den Abschriften oder bei den Übersetzungen hineingekommen sein. Natürlich ging es nicht um „schlafende Heilige", sondern um erdgebundene Seelen von Verstorbenen.

Es gibt Christen, die das Erlösungsgeschehen tiefer verstehen als das gewöhnliche konfessionelle Christentum. Sie sehen als das

Zentrale des christlichen Glaubens nicht den Glauben an den leidenden Jesus am Kreuz – die Sicht der Kirchen, die das Leiden als Opfertat für unsere Sünden interpretiert, weil Gott-Vater angeblich Blut sehen müsse, um seine Fähigkeit zur Vergebung zu entdecken...

Tiefer empfindende Christen sehen als das Zentrale des christlichen Glaubens den Glauben an die Auferstehung – an den Moment, als Jesus sich aus dem Staub der Vergänglichkeit erhob und zum Symbol der unsterblichen Seele wurde, zum Symbol der Befreiung des mystischen Wanderers aus allen Schrecken und Begrenzungen der Materie. Das ist ein edler Ansatz, und so wird das Kreuz mit den Lichtstrahlen anstatt mit dem Corpus auch als „Auferstehungskreuz" bezeichnet.

Doch ist nicht das eigentlich Zentrale des christlichen Glaubens der Glaube an das „Vollbracht"? Im „Es ist vollbracht" sprach nicht mehr der leidende Jesus, sondern der ewige Christus, unberührt von allem Leid. In diesem Moment war der Sieg errungen, der Sieg des Lichtes über die Finsternis. Jesus, der Mensch, musste sich für diesen Moment voll hingeben, er musste allen Schmerz auf sich nehmen, er musste vollkommen bedingungslos den Willen Gottes erfüllen. Im „Es ist vollbracht" war der Sieg errungen, der Schmerz war überwunden, die Finsternis war besiegt, die Teilkraft in der Urkraft wurde ausgelöst und schüttete sich aus zu unzähligen Erlöserfunken in die ganze Schöpfung...

Ist daher das Kreuz mit den Lichtstrahlen nicht einfach das „Lichtkreuz"? Und das Licht symbolisiert die Kraft der Erlösung?

Alles weitere was geschah – das Erdbeben, die Grablegung im Garten Siloam, die Auferstehung, die Erscheinung der Engel vor Mirjam, der Mutter Yeshuas, und Mirjam von Magdala, der Besuch Yeshuas bei den Jüngern, der Gang nach Emmaus, die Himmelfahrt, die Ausschüttung des Heiligen Geistes, das Wirken der Apostel, der Siegeszug des Christentums... – all das war letztendlich begründet in diesem Moment des „Vollbracht". Mit unserem menschlichen Verstand sehen wir die Auferstehung als das Besondere, als das Herausragende, als das Wunder, das uns beeindruckt und beglückt. Doch es ist nur ein Ausdruck von dem, was bereits im „Vollbracht" geschah – das eigentliche Wunder, vollkommen unsichtbar, unbeweisbar und nur dem tiefen Glauben zugänglich...

Im „Vollbracht" ergoss sich vor zweitausend Jahren die Erlöserkraft in die Schöpfung. Es ist das Zentrale des christlichen Glaubens, und für den bewussten praktizierenden Christen muss es um einen Weg gehen, wie wir heute unmittelbar daran teilhaben können.

Der heilige Gral und die heilige Lanze

Alle Überlieferungen beschreiben den Gral als ein wundertätiges Gefäß in Form einer Schale, eines Kelchs oder eines Steines (lapis). Zusammen mit einer blutenden Lanze wird er in einer unzugänglichen Burg von Gralskönig und Gralsrittern bewacht. Er soll Glückseligkeit, ewige Jugend und Speisen in unendlicher Fülle bieten.

Dieses wunderkräftige und heilige Gefäß, das ewige Lebenskraft spendet, ist umgeben von einer Gemeinschaft, die unter einem Mangel leidet.

de.wikipedia.org

Möge die Macht mit dir sein.

Meister Yoda in Star Wars

Der heilige Gral ist so etwas wie ein Jungbrunnen, wie die Quelle des Lebenselixiers, die Quelle von Gesundheit und ewigem Leben, sowie ein Füllhorn für Nahrung. Die heilige Lanze gilt als Symbol der Macht. So wurde sie von vielen Mächtigen dieser Welt gesucht, und soll auch im Besitz von manchen gewesen sein.

Um den Verbleib dieser beiden archäologischen Gegenstände haben Wissenschaftler und vermeintliche Mystiker ein Leben lang geforscht, ranken sich Sagen und Legenden, spinnen sich Erzählungen und Romane. Ewiges Leben, Macht und Glückseligkeit sind die tiefsten Ziele menschlichen Strebens. Der Schlüssel zu diesen Gütern wird diesen beiden Reliquien zugesprochen.

Doch nirgends, weder in der Bibel noch in irgendeinem apokryphen Evangelium noch in Neuoffenbarungen lehrt Christus die Reliquienverehrung.

Der Schlüssel liegt in uns!

„...wisset ihr nicht, daß euer Leib
ein Tempel des heiligen Geistes ist..."

1. Korinther 6,19

Wenn wir uns auf die Reliquien fixieren, verstehen wir nicht die Symbolik des Geschehens der Kreuzigung. Zudem verbinden wir mit den Versprechungen des Heils falsche Vorstellungen:

- Bei der „ewigen Jugend" geht es nicht um ein ewiges Leben auf der Erde, in diesem materiellen Körper (siehe Kapitel „Uneingeschränkt alt werden").

- Bei den „Speisen in unendlicher Fülle" geht es nicht um eine Art Füllhorn, das sich immer wieder mit irdischen Speisen auffüllt (siehe Kapitel „Ernährung").

- Bei der Macht geht es nicht um das Herrschen über andere.

In diesem dritten Punkt liegt wohl der folgenschwerste Irrtum über die Reliquien Jesu. Bei der christlichen Lehre geht es nie um das Herrschen, sondern immer nur um das Dienen. Und beim christlichen Dienen geht es um das Dienen ohne Waffe.

„...wer das Schwert nimmt,
der soll durchs Schwert umkommen...“

Matthäus 26,52

Auch wenn wir persönlich vielleicht die Gewalt ablehnen, drückt sich in unserer Sprache immer noch die Verwirrung bzw. die Fehlpolung unseres Denkens aus: Wenn jemand bei der Armee war und nicht in der Krankenpflege, sagen wir, „er hat gedient“. Wenn jemand in der Krankenpflege war und nicht in der Armee, sagen wir, „er hat nicht gedient“. Wer sich selber als „Christ“ bezeichnet, sollte sich anhand seiner Sprache hinterfragen, ob seine Denkweisen wirklich mit den christlichen Lehren im Einklang stehen.

Unzählige Herrscher im „christlichen Abendland“ bezeichnen sich als „christlich“. Noch heute bezeichnen sich politische Parteien als „christlich“, Königshäuser bezeichnen sich als „christlich“, Mafia-Angehörige besuchen „christliche“ Gottesdienste und nehmen an „christlichen“ Prozessionen teil.

Vielleicht geschieht es noch nicht einmal immer bewusst, doch ein privilegiertes und machtbezogenes Leben sehen wir häufig als durchaus vereinbar mit dem „Christentum". Hierbei wird es als rechtmäßig betrachtet, diese irdischen Privilegien notfalls mit Gewalt durchzusetzen – als „christliche" Einzelperson, als „christliche" Gruppierung oder als „christlicher" Staat. Wer materiellen Reichtum und gesellschaftliches Ansehen anstrebt, der sieht in der Zugehörigkeit zu einer „christlichen" Kirche einen Baustein für diese Bestrebungen.

Oft genug sind diese Bestrebungen verbunden mit einer Herrschaft über andere und mit dem Ziel, seinen Herrschaftsbereich beständig auszudehnen. Diese Bestrebungen stimmen zwar in keiner Weise mit der christlichen Lehre überein, doch sehen die „christlichen" Kirchen sehr häufig überhaupt kein Problem darin...

Die ursprüngliche christliche Lehre lehrt etwas ganz anderes:

Mein Reich ist nicht von dieser Welt.

Johannes 18,36

Geht nicht aus dieser Aussage hervor, dass sich ein wahrer Christ nicht primär einer irdischen Sippe, Firma, Nation oder Kirche verpflichtet fühlen kann, dass er als sein „Vaterland" nur das Himmelreich sehen kann, das

Land seines göttlichen Vaters im Himmel? Und dass er dementsprechend sich auch nicht einem irdischen Boss verpflichtet fühlt, sondern Ihm, Christus, dem höchsten Herrn?

Wer Christ wird, ist bereit für die Treue zu seinem Herrn materiellen Reichtum und gesellschaftliches Ansehen zu opfern. Das heißt nicht, als Christ materiellen Wohlstand und eine Integration in die Gesellschaft abzulehnen. Aber ein wahrer Christ setzt andere Prioritäten.

Der wahre Christ sucht nicht den Weg des Herrschens, immer nur des Dienens. Es ist ein Irrtum zu glauben, wer den Weg des Dienens gehe, mache sich selber klein. Er macht sich in dem Sinne klein, dass er demütig bleibt unter den Mitmenschen. Doch es ist ein Irrtum anzunehmen, der Weg der Macht über andere, oder der Weg des Ruhmes als Künstler oder als Politiker wäre der wahre Weg der Entfaltung, in dieser Art von Karriere läge unsere Entwicklung zu wahrer Größe.

Positionen der Verantwortung oder Bekanntheit und Ansehen können den Weg des Christen begleiten, doch darin liegen nicht seine wahren Ziele, sein wahres Ziel ist es immer nur zu dienen. Auf diesem Weg erreicht er seine wahre Größe.

Die christliche Lehre zeigt auf, dass im Dienen der wahre Motor unserer Entwicklung liegt, sie zeigt uns auf, dass ein christlicher Diener keiner ist, der sich klein macht. Als Christen sind wir Knechte, aber wir sind Knechte immer nur DES HÖCHSTEN HERRN. Damit, einem niederen Herrn zu dienen, geben wir uns nicht zufrieden. Auch wenn ein weltlicher Despot uns unterjochen will, so werden wir seinem Willen immer nur in der Weise gefügig sein, wie wir damit unserem wahren Herrn, Christus, dienen. Als Christen haben wir erkannt, dass ER, Christus, der höchste Herr ist – der höchste Herr auf der Erde und in den Reinigungsebenen. Alles was wir in der Materie gesetzmäßig erreichen können (ohne es einem anderen zu stehlen), kommt nur von IHM.

Wir dienen nur IHM, dem HÖCHSTEN Herrn, doch gleichzeitig ist er in jedem Lebewesen, auch im niedersten. So dienen wir ihm in jedem Menschen.

Die heilige Lanze mag ein Symbol der Macht sein. Doch im Kontext des Christentums kann diese römische Lanze natürlich nicht die Macht im römischen Sinne symbolisieren, sondern immer nur die Macht im christlichen Sinne! Es geht als Christen nicht darum, Macht abzulehnen.

Es geht darum, die Macht in christlichem Sinne richtig zu verstehen:

Wir erweitern unsere Macht, anderen zu dienen, indem wir mehr und mehr die Kraft der Erlösung in uns aufnehmen. Diese Kraft gibt uns die Gesundheit, die Weisheit und die Stärke, die uns erst zu einem guten Diener am Nächsten machen kann. Je mehr wir die Kraft der Erlösung in uns aufnehmen, umso mehr erweitern wir nicht die Macht über andere – sondern die Macht, ein gesundes und glückliches Leben zu führen. Ein wahres Glück können wir nur dann empfinden, wenn wir es zu schätzen wissen und uns in Demut daran freuen, dass unser Leben zu einem Segen für andere wird. Die Mächtigen dieser Welt unterschätzen die Macht, ein gesundes und glückliches Leben zu führen. Daher sammeln sie im Äußeren zwar Macht an, aber sie werden dadurch weder gesund noch glücklich. Auf diesem Gebiet bleiben sie „ohnmächtig".

Den wahren Gral haben wir in uns! Und unsere „christlichen" Lehrer und Verkünder sollten dazu fähig sein, uns den Weg dahin zu zeigen!

Die „christlichen" Lehrer, egal ob sie sich Pfarrer nennen oder Priester oder Bischöfe oder Kardinäle oder Superintendenten oder Apostel oder Älteste – sofern sie den Gral selber nicht gefunden haben, sollten sie nicht lehren.

Sie sollten sich als Wahrheitssucher verstehen, sollten dienen und Einkehr halten und den Gral suchen, BEVOR sie nach außen treten und sich eine Rolle als Vertreter des Christentums suchen. Es geht nicht darum, dass die Lehrer und Verkünder des Christentums Erleuchtete sein müssen. Es geht darum, dass ein praktizierender Christ, der anderen ein Licht sein will, nur jemand sein kann, der es versteht, die Teilkraft in der Urkraft in sich zu aktivieren. Das ist das Licht der Erlösung, an dem teilzuhaben der wahre Inhalt der christlichen Religion ist. Das ist der wahre Gral, dem die Sehnsucht des wahren Wahrheitssuchers gilt.

Wer den wahren Gral nicht gefunden hat, gleicht den zehn Jungfrauen, die kein Öl in ihren Lampen haben...

Wie soll sich das Christentum verbreiten, wenn wir nur darüber sprechen, aber „das Geschenk nicht auspacken"? Wie sollen junge Menschen nicht nur begeistert werden für das Christentum, sondern auch Hilfe, Tröstung,

Wegweisung und Sinngebung für ihr Leben erfahren, wenn es bei den Vertretern des Christentums weit und breit keinen gibt, der ihnen den Gral überreicht???

Nichts weniger als das ist die Aufgabe eines jeden Lehrers und Verkünders des Christentums!!!

Zur Quelle der Macht in positivem Sinne und zum wahren Heiligen Gral, der zu einer Kraftquelle im eigenen Innern wird, finden wir, wenn wir im äußeren Leben den Weg des Dienens gehen und regelmäßig einkehren zu Gebet und Meditation.

Die Yeshua-Meditation

Es hilft, sich vor der Meditation in das Erlösungsgeschehen hineinzudenken, es im Innern zu erfassen, zu begreifen, wer Yeshua war, das Geschehen bildlich in sich lebendig werden zu lassen.

Durch das „Vollbracht" wurde aus dem Kreuz des Leidens das Kreuz des Lichts, das Kreuz der Erlösung. Kein anderer Meister hat das vollbracht, was Jesus von Nazareth vollbracht hat – oder „Yeshua", wie es dem damaligen aramäischen Namen wohl am nächsten kommt. Das Licht der Erlösung ist die Errettung der Schöpfung.

Manche östliche Meister verstehen nicht, weshalb Yeshua das Leiden am Kreuz auf sich genommen hat. Sie sehen alles aus der Perspektive des ungeschaffenen Selbst, im Sanskrit „Atman", das formlos und unverändert durch alle Zeiten existiert. So glauben sie, ein wahrer Erleuchteter brauche nicht mehr zu leiden. Manche sehen deshalb in Yeshua nur einen Meister zweiten Ranges.

Natürlich hat es vor und nach dem Leben Yeshuas immer Meister auf der Erde gegeben, die ihren Weg als Mensch beschritten haben und ihre Vollendung erreicht haben. Doch was Yeshua mit dem „Vollbracht" erreicht hat, ist einfach unvergleichlich. Das Wissen um das formlose ungeschaffene Selbst – oder auch die tiefe Erfahrung dieser friedvollen Ebene im Innern aller geschaffenen Wesen – kann nicht erklären, was es mit der Schöpfung auf sich hat. Hat Gott uns denn alle erschaffen, damit wir uns im Ungestalteten wieder auflösen? Wenn das Ziel von allem nur das Nirvana sein soll – warum hat es dann eine Schöpfung überhaupt gegeben?

Der Sinn liegt darin, dass wir als erschaffene Wesen die Freude empfinden, dass wir in der Gemeinschaft die Liebe in uns entwickeln und dass wir in Ewigkeit die Herrlichkeit der Himmelswelten genießen dürfen, dass wir lernen und wachsen und uns ausdehnen bis in alle Ewigkeit. Diese Absicht des Vaters wurde durch die teuflischen Pläne der Fallwesen über viele, viele Erden-Generationen systematisch bekämpft. Sie strebten die Auflösung an, um in einer eigenen Schöpfung sich keinem anderen Schöpfer mehr unterwerfen zu müssen.

Yeshua hat durch seine Erlösertat die Auflösung verhindert. Es war seine Mission – eine Mission, die nur er hatte, kein anderer spiritueller Meister vor oder nach ihm. Der Erlöserfunke ist der Garant dafür, dass wir als bewusste Kinder Gottes ein ewiges Leben haben. Kein Sünder und kein Erleuchteter löst sich wieder im formlosen Äther auf. Als „Individuen" (lat = Unteilbare, Unzerstörbare) sind wir ewige Kinder Gottes. Die Fähigkeit seinen Schöpfer und seinen Erlöser kindlich zu lieben, steht höher als alle Erleuchtung und Erkenntnis, die errungen werden könnte.

Warum dafür gerade dieser Leidensweg am Kreuz notwendig war? – Wie sollen wir es erfassen, wenn doch diese Mission nicht nur über ein gewöhnliches menschliches Bewusstsein hinausging, sondern auch über den Erlebnishorizont aller spirituellen Meister, die je auf diese Erde kamen? Da es kein Beispiel für diese Mission gab, hat auch kein Mensch auf Erden und kein Wesen im Universum außer Gott-Vater selbst den Maßstab, um den Weg, den Yeshua für diese Mission auf sich nahm, zu beurteilen. Alles was zählt ist: Es ist ihm geglückt! Seine Mission war erfolgreich!

Nicht das Leiden war seine eigentliche Mission, sondern sein göttliches Erbe, die Teilkraft in der Urkraft, auszulösen und der gesamten gefallenen Schöpfung zur Verfügung zu stellen. Dadurch hat er die Finsternis besiegt, dadurch ist er nicht nur ein Meister unter vielen, sondern der „Meister aller Meister". Dieses Wissen ist die Grundlage der Yeshua-Meditation.

Wir machen uns keine Vorstellung von dem unbegrenzten göttlichen Frieden, den das Kreuz der Erlösung bedeutet... Das, was im Geistigen geschah durch die Ausschüttung des Erlöserfunkens, ist unvergleichlich... Kein Seher bin ich – die Bilder, die in mir aufsteigen, spiegeln das Empfinden in der tiefen Yeshua-Meditation: Das Kreuz, das eben noch das Kreuz des Leidens war, erstrahlt in gleißendem Licht... dabei umfängt Yeshua mit einem mal eine göttliche, überirdische Stille... alles Geschrei und Gezeter, aller Hohn, aller Schmerz, aller Kampf sind mit einem Mal zuende... Friede und wogendes Licht... ein pulsierendes, vibrierendes Licht, das das ganze Universum durchstrahlt... Yeshua, der sich in die tiefste Materie begeben hat, ist nicht mehr getrennt... er ist Holz, er ist Nagel, er ist die Menschen, die ihn umstehen und die ihm zurufen... er ist die Landschaft Galiläas, er ist die

Berge und das Meer, die Prärien und die Wälder, er ist der Erdplanet und die Sonne und die Sterne... er ist das pulsierende Licht geworden, das seitdem unaufhörlich das ganze All durchströmt... Friede, Friede, Friede!...

Yeshuas Heilstrom ist zum Herzschlag von Mutter Gaia geworden. So kann das wahre Christentum niemals ein Feind der Naturreligionen sein. Keltentum und Christentum verbinden sich zum Kelten-Christentum. Wer die Ausschüttung der Erlöserkraft begreift, die Allgegenwart des Herrn in der gesamten Schöpfung, der kann die Kräfte der Schöpfung und die Erlöserkraft des Herrn nicht mehr trennen.

Dieses Licht, das so teuer erkauft war – es strahlt bis heute unaufhörlich. Wir verbinden uns – aber bitte nicht mit dem Blut des leidenden Menschen Jesus!, sondern mit dem ewig strahlenden Erlöserlicht des Christus, das uns alle heimführt. Das ist das Geschenk, von dem nicht nur die Welt uns ablenkt, sondern auch von dem die konfessionellen Kirchen und bibelbezogenen Christen uns ablenken. Es strahlt bis ins Heute hinein, direkt bis zu uns, bis in unser eigenes Herz. Das Licht strömt direkt von seinem Herzen zum eigenen Herzen. JETZT. Eine Schlange des Lichts geht durch die Jahrhunderte, direkt vom Kreuz der Erlösung bis zu dem Meditationsstuhl, auf dem wir sitzen. Die zweitausend Jahre, die dazwischen liegen, sind wie weggeblasen. Es liegt nichts dazwischen. Das Erlöserlicht leuchtet JETZT, und JETZT können wir uns damit verbinden. Durch seinen Heilstrom, der uns durchströmt, sind wir ihm ganz nahe. Durch seinen Heilstrom, der uns durchströmt, sind wir eins mit ihm. Wer es einmal erlebt hat, dass die Zeit ausgeschaltet ist, dass es einen Strom gibt, direkt von seinem Herzen zum eigenen Herzen – wer es einmal erlebt hat, der verliert alle Angst. Er ist geborgen. Er ist frei. Er steht in der Kraft. Er weiß, was er in seinem Leben zu tun hat. Er hat keine Angst mehr vor der äußeren Welt. Denn der Erlöser hat den Sieg errungen.

Wer den Gral gefunden hat, der kann sich immer wieder mit der Kraft des Herrn verbinden, und seine Kraft wird ihn immer mehr durchdringen und wächst in ihm. Yeshua hat unsagbar gelitten, um diese Kraft freizusetzen. Gott möchte nicht, dass wir leiden. Manche Menschen müssen vielleicht auf Erden leiden – weil sie damit eine besondere Mission erfüllen oder weil sie besondere Prüfungen zu bestehen haben oder weil sie ein Karma abzutragen haben, ich weiß es nicht. Aber es ist ein Irrtum, dass wir uns auf unserem spirituellen Weg Leiden zufügen müssten, um diese Kraft in uns zu erfahren und aufzunehmen. Das Leiden ist nicht der Gral. Die Selbstgeißeler, die Fastenden, die Kaltwasserbader, die Ultra-Läufer, alle die sich kasteien und die sich einer unwürdigen Armut aussetzen – bis hin zu denen, die sich an Ostern für eine Zeit selbst ans Kreuz schlagen lassen, um die Leiden des Herrn ein Stück weit am eigenen Leib nachzuerleben – gehen nicht den direkten Weg zum Gral.

Es ist, als ob ein Mensch mit einer Spitzhacke eine Quelle unter einem Felsen freilegt und sich dabei zu Tode arbeitet. Er stirbt an unsagbaren Strapazen, aber es ist geglückt: Die Quelle ist freigelegt. Es befindet sich eine Gedenktafel an der Quelle. Doch was geschieht?: Die meisten Wanderer, die des Wegs kommen (die Menschen, die sich mit der christlichen Botschaft beschäftigen), gehen vorbei und trinken nicht! Es wird ihnen gesagt, allein der Glaube an den Märtyrer gebe ihnen Kraft für die weitere Wanderung. Es werden ihnen Verhaltensregeln für die weitere Wanderung mitgegeben. Oder es wird ihnen beigebracht, allein der Glaube an die Strapazen des Märtyrers würde sie frei machen (???). Oder sie glauben, es wäre der Sinn der Sache, sich selber unsagbaren Strapazen auszusetzen.

Es ist eine andere Frage, ob unsere weitere Wanderung unsagbare Strapazen für uns bereithält. Zunächst einmal ist unsere Wanderung sowieso Strapaze genug. Der Sinn der Sache war es aber, dass wir EINFACH TRINKEN!

Kommet her zu mir alle, die ihr mühselig und beladen seid; ich will euch erquicken.

Matthäus 11,28

Und er sprach zu mir: Es ist geschehen. Ich bin das A und das O, der Anfang und das Ende. Ich will den Durstigen geben von dem Brunnen des lebendigen Wassers umsonst.

Offenbarung 21,6

Der Preis, den Yeshua für die Freisetzung des Heilstroms gezahlt hat, war unsagbar hoch – aber wir bekommen ihn kostenlos! Den Gral zu finden und zu aktivieren ist einfach, es ist so einfach, dass es die Menschen nicht begreifen und gar nicht erst versuchen. Der Gral ist, sich nach innen zu wenden, in die Stille einzukehren, sich in das Geschehen vor zweitausend Jahren einzufühlen, der Gral ist, in tiefem Gebet und in tiefer Meditation voller Demut die Erlöserkraft zu empfangen.

Sich auf die Stille einzulassen, auf das JETZT bedeutet allerdings, sein ganzes menschliches Leben einmal loszulassen, alle unsere weltbezogenen Enttäuschungen und Verletzungen und Sorgen, alle unsere Hoffnungen und Sehnsüchte und Wünsche. Nicht das Leiden ist der Preis, den wir zu zahlen haben, sondern dieses völlige Loslassen unseres menschlichen Ichs für die Dauer unserer Meditation. Es ist dadurch nicht aufgehoben, aber das Abstandnehmen vom menschlichen Ich öffnet erst die Räume, in denen neue Erfahrungen möglich werden. Das ist schwer genug, aber es ist einfach im Vergleich zu den Kämpfen, die Yeshua im Garten Gethsemane durchzustehen hatte...

Den Gral gefunden haben heißt, mit dieser Kraft als Mensch hinauszugehen in das äußere Leben und Gott in allen Menschen und in seiner gesamten Schöpfung zu dienen. Natürlich gibt uns Christus diese heilige Kraft nicht, damit wir in unserem Leben selbstsüchtige Zwecke verfolgen. Von dem, der seine in der Meditation empfangenen Kräfte im äußeren Leben für selbstsüchtige Zwecke einsetzt, wird Christus die Erlöserkraft wieder zurückziehen, und dessen Erlöserlicht wird von dem lodernden Feuer wieder zu dem schwachen Funken, der es vorher gewesen war.

Durch die Yeshua-Meditation, das Aufspüren und Ablegen der eigenen Fehler durch den Weg der Selbsterkenntnis und durch das Dienen entsteht ein Kreislauf, der gesetzmäßig zum Wachstum führt, zum Entfachen des Erlöserfunkens im Menschen zur gleißenden Sonne des Heils und der Erlösung. Wir suchen nach dem Gral, doch ist dieser Weg im Menschen angelegt, er ist unsere Bestimmung, so wie es die Bestimmung des Menschen ist von einem Säugling zu einem Erwachsenen zu werden, so wie es die Bestimmung einer jeden Knospe ist zu erblühen. Der Weg des Wachstums ist kein Sonderweg, der nur einigen wenigen „Gralsrittern" in einem verschworenen Orden vorbehalten wäre! Natürlich ist es der Weg, dessen Verbreitung bis hin zu jedem einzelnen

Menschen die Aufgabe des Christentums ist. Die Tragödie ist eben nur, dass nicht nur die Menschen, die nicht an Christus glauben, diesen Weg nicht richtig erfassen, sondern auch die meisten jener, die an ihn glauben und die sich selber als Verkünder der christlichen Botschaft betrachten.

Wir verbinden uns mit dem pulsierenden Erlöserlicht, mit Yeshuas unaufhörlich in die gefallene Schöpfung sich ergießendem Heilstrom in der Yeshua-Meditation. Es ist ganz sicher nicht der einzige Weg. So viele gesegnete Nachfolger in der Geschichte des Christentums zeugen davon, dass ein jeder Mensch diesen Heilstrom in sich trägt und in sich entfachen kann, ohne über eine besondere Methode zu verfügen oder diese weiterzugeben.

Doch leider konnte ich das in meinem eigenen Erleben nicht nachvollziehen. Ich konnte in besonderen Momenten in tiefem Gebet und in gehörten Offenbarungen und Meditationen für kurze Zeit einen Zugang finden zu Christus und zu seiner Liebe. Doch diese Zuflucht, wie ich sie heute durch die Yeshua-Meditation erfahre, habe ich vorher nicht gefunden. Die „Glücksmomente" waren besondere Erlebnisse, an die ich mich erinnern konnte, wenn mich die Tiefen meines Erdenlebens mit seinen Enttäuschungen und Verletzungen und Sorgen wieder eingeholt hatten. Erst jetzt, durch die Yeshua-Meditation, bzw. die „Pranayama-Meditation", die ich seit ein paar Jahren praktiziere, erlebe ich es, dass da ein Tor für mich offensteht, durch das ich immer wieder hindurchgehen kann, um in meinem Inneren einzukehren und durch den göttlichen Heilstrom neue Kraft zu schöpfen. Dadurch habe ich einen Weg der Übung gefunden, den ich mal mehr und mal weniger intensiv beschreite, aber zu dem ich immer wieder zurückkehren kann, um mich in meinem geistigen Erleben zu vervollkommnen.

„Sadhana", ein Yoga-Begriff aus dem Sanskrit, bedeutet auf Deutsch „Weg der Übung". Wie soll der Christ ohne einen Weg der Übung Erfahrungen sammeln und sein geistiges Leben vertiefen? „Pranayama", ein Yoga-Begriff aus dem Sanskrit, bedeutet auf Deutsch „Kontrolle der Lebenskraft" (NICHT „Kontrolle des Atems")[4]. Wie soll der Christ ohne Kontrolle der Lebenskraft seine irdisch-menschlichen Triebe eindämmen und zähmen und ein kulturell höherstehendes Leben anstreben?

Ich bin dafür, Begriffe aus dem Yoga in den christlich-spirituellen Weg aufzunehmen – nicht um sich einem überlieferten System des Yoga unterzuordnen oder einem überlieferten System einer hinduistischen Philosophie. Sondern weil Yoga genau das ist, worum es auf dem christlichen Weg geht – die „Wissenschaft von der Transformation des Menschen"[4]. Wer nicht bereit ist, von dem jahrtausendealten Wissen des Yoga zu profitieren und sich dem verschließt – interessiert er sich wahrlich für den Weg der Transformation, den Johannes der Täufer in einem durch die Bibel belegten Zitat beschrieben hat:

„Er muss wachsen, ich aber muss abnehmen"

Johannes 3,30 ?

Egal, welche Begriffe wir dafür verwenden: Wer die tieferen Bedeutungen versteht, der versteht, dass der christliche Weg nicht erfolgreich ohne eine Sadhana und ohne ein Pranayama beschritten werden kann. Sonst bleiben wir nur auf der Ebene der Worte – und „packen das Geschenk nicht aus"...

Hier also für unsere tägliche Sadhana eine Pranayama-Meditation: die Yeshua-Meditation.

Ein Wort muss vorausgeschickt werden für den, der sich darauf einlässt: Er handelt in eigener Verantwortung. Ob diese Meditation bei anderen ebenso wirksam ist, oder ob sie vielleicht andersherum Tore öffnet, die für die Entwicklung der Seele lieber noch verschlossen bleiben sollten, dafür gibt es keine Garantie. Das was ich erlebe, möchte ich nicht für mich behalten, sondern weitergeben. Doch so wie ich in eigener Verantwortung meinen Weg gehe, so ist es für den Leser ebenso die grundlegende Voraussetzung. Daher ist es für mich wichtig vorauszuschicken: Jeden extremen Fanatismus und jede Übertreibung lehne ich ab. Wer meint, er müsse gegen seine Empfindung, diese Meditation viele Minuten oder Stunden durchhalten, der handelt nicht nach meiner Anleitung.

Meine Intention ist es immer, dass auf die eigene Empfindung gehört wird, dass die Sensibilität für die Bedürfnisse der eigenen Seele geschult wird, um ihr das zu geben, was im Moment förderlich ist. Das muss nicht immer Meditation sein, es kann auch Gebet sein, es kann auch Singen sein, es kann auch Schreien oder Spazierengehen oder Arbeiten oder Nichtstun sein. Was auch immer. Wenn es Meditation sein muss, dann muss es nicht diese Meditation sein.

Es ist ein Angebot, kein alleinseligmachender Weg, wenn überhaupt ein seligmachender Weg. Jeder entscheidet selber in eigener Verantwortung.

Der Meditierende setzt sich aufrecht hin mit nach oben geöffneten Handflächen, die er an den Oberkörper heranzieht. Hilfreich für die aufrechte und entspannte Sitzweise ist ein nach vorn geneigtes Becken. Dadurch wird die Wirbelsäule aufgerichtet, der Oberkörper bleibt gerade, ohne dafür eine Muskelanspannung zu aktivieren.

Möglich gemacht werden kann eine solche die Meditation fördernde Position durch den vollen Lotussitz – „Padmasana". Dieser setzt jedoch eine gewisse Beweglichkeit bzw. Übung voraus. Der in westlichen Yoga-Gemeinschaften oftmals bevorzugte halbe Lotussitz – „Siddhasana" – erfüllt jedoch nicht diesen Zweck, weil der Oberkörper ohne Muskelanspannung in sich zusammensinkt. Erst recht nicht die herangezogenen Formen des Schneidersitzes. Besser als diese untauglichen Formen der Nachahmung östlicher Gurus kann ein Stuhl mit einem Keilkissen sein. Eine fortgeschrittene Form der westlichen Meditationshaltung ist der

Diamantsitz mit Unterstützung durch eine Meditationsbank.

Es geht um eine „Pranayama-Meditation". Das heißt, der Meditierende spricht durch die Konzentration auf seinen Atem seine Lebensenergien an. Der Atem ist die Brücke, aber im Gegensatz zu den östlichen Formen des Pranayama geht es nicht um besondere Atemübungen.

In einer Form des „christlichen Herzensgebets" werden die Silben eines Mantras auf den Atem gelegt:

Herr CHRISTUS,

Er-LÖSER,

dein HEILSTROM,

durch-STRÖMT MICH.

(*kursiv* = Einatmen,
GROSSBUCHSTABEN = Ausatmen)

Wer möchte kann auch den Namen „Yeshua" verwenden, wenn er sich dadurch dem Herrn und dem Geschehen der Erlösung näher fühlt:

Ye-SHUA,

Er-LÖSER,

dein HEILSTROM,

durch-STRÖMT MICH.

(die Yeshua-Meditation)

Zu Anfang wird der Atem gesteuert, um eine tiefe und langsame Atmung herbeizuführen. Tief einatmen, kurz innehalten und langsam und bewusst ausatmen. Im weiteren Verlauf, wenn sich die Gedanken etwas beruhigt haben, lässt man den Atem fließen und konzentriert sich nur auf die begleitenden Silben. Wer möchte, kann eine meditative Musik zu Hilfe nehmen, um den Fokus zu halten und seine menschlichen Gedanken loszulassen.

Die beste Zeit, um zu meditieren, ist in den frühen Morgenstunden. Im modernen Urchristentum heißt es, die Ätherkraft ist am stärksten zwischen 3 und 4 Uhr morgens, wenn die Aktivitäten der Menschen noch nicht eingesetzt haben. Genau diese Zeit wird auch im Hinduismus für die Meditation empfohlen. Dort wird sie „Brahma Muhurta", die „Stunde Gottes" genannt. Natürlich darf hier ein jeder Mensch gemäß seinen Lebensumständen seinen eigenen Weg finden.

Es ist so einfach, den Gral durch die Meditation in sich zu finden und zu aktivieren. Wenn die Christuskraft den Menschen mehr und mehr durchdringt, hat das Auswirkungen auf das gesamte Leben.

Heilung und Gesundheit

Die heilende Wirkung der Yeshua-Meditation kann verglichen werden mit einem trockenen Schwamm, der mit Wasser in Berührung kommt. Erst in dem Moment, wo erste Erfahrungen mit dem Heilstrom gemacht werden, werden wir uns dessen bewusst, wie ausgebrannt und leer wir uns in der Seele fühlen, wie lange wir schon in der „Wüste Welt" umherreisen und die Labung an einem Quell vermissen. In dem Moment, wo die Meditation „greift", wo wir nicht mehr nur atmen, sondern wo wir das Prana im Atem spüren und erleben, fällt es nicht mehr schwer, Zeit in der Meditation zu verbringen.

In dem Moment spüren wir die Wohltat und spüren, dass es noch einiger Verinnerlichung bedarf, in noch einigen weiteren Sitzungen, bis der Energiekörper wirklich „aufgefüllt" ist. So ist das Gefühl bei der Beendigung einer erfolgreichen Meditation immer: Wir haben abgebrochen. Nicht: Wir haben „fertigmeditiert".

Dennoch stehen wir nicht „leer" von der Meditation auf, sondern wir nehmen die Verbindung zur Quelle mit, die wir auf dem Feld unseres Lebens als Mensch weiter bewusst mit einbeziehen wollen, auf dass wir unsere Seele weiter stärken und dass durch die Unruhe des äußeren Lebens die Verbindung nicht abreißt. Das geht nur durch die Verwirklichung der göttlichen Gebote und Gesetzmäßigkeiten im Alltag. Christus, der Innere Arzt und Heiler, soll auch als unser Führer und Ratgeber unser äußeres Leben begleiten.

Sein Heilstrom strömt in die Seele ein und kann über die Seele auch den Körper heilen. Der Körper kann berührt und geheilt werden, wenn durch den Weg der Selbsterkenntnis die Blockaden in der Seele aufgelöst werden. Es gibt keine Garantie dafür, dass jede körperliche Krankheit und jedes körperliche Leiden geheilt wird. Entscheidend ist immer: Was ist gut für unsere Seele? Daher ist es wichtig zu vertrauen, es ist wichtig, die Nähe zu Gott zu suchen und die Gesundheit des Körpers in seine Hände zu legen.

Durch den Heilstrom des inneren Christus können Wunder geschehen. Doch wichtig ist, sich bewusst zu machen: Es geschieht KEINE Heilung ohne den Heilstrom des inneren Christus! JEDE Heilung ist ein Wunder!

Die Lebensenergie aus dem inneren Christus ist es, die uns am Leben erhält und die uns gesund macht. Unsere Medizin und auch die gewöhnliche gesunde Lebensweise konzentrieren sich auf Maßnahmen für den Körper und bestenfalls für die Seele. Der Mensch ist eine Einheit aus Körper, Seele, Geist. „Geist" ist das innewohnende „Ebenbild Gottes", das reine Geistwesen in uns, oder anders gesagt: der innere Christus.

So muss endlich erkannt werden: Eine „Ganzheitsmedizin", die diesen Namen verdient, sollte die Lebensgewohnheiten mit einbeziehen, Ernährung und Bewegung, Freiheit von Süchten, das soziale Umfeld, den Arbeitsplatz und eine Therapie der Seele – aber auch eine Methode der „Rückverbindung" (=Religion) der Seele mit ihrem göttlichen Kraftquell, dem inneren Christus. Erst dann ist Heilung ganzheitlich.

Ein Arzt, der Meditation lehrt, gibt dem Patienten das wichtigste Werkzeug mit an die Hand, weil der göttliche Heilstrom das Universalheilmittel ist, das für JEDE Heilung die grundlegende Voraussetzung ist. Wie viel effektiver kann jede medizinische Anwendung sein, wenn der Lichtkanal vom göttlichen Kern zur Seele nicht ein schimmerndes Fädchen ist, sondern ein gleißender breiter Strom! Leider gibt es auch bei den „christlichen" Ärzten nur sehr wenige, die Meditation lehren. Meditation ist in der westlichen religiösen Kultur, die sich sehr auf Glauben, Rituale und „gute Sitten" konzentriert, meist nicht verankert.

Hier liegen ungehobene Schätze – Potentiale, die noch brachliegen – Potentiale, die leicht aktiviert werden können und bei dringend anstehenden Problemen der modernen Zeit zur Lösung, oder zumindest zur Linderung, führen können. Hier seien drei Beispiele angeführt, die vielleicht die gesundheitspolitische Bedeutung des christlichen Heilstromes verdeutlichen können, wenn wir ihn nur ernstnehmen:

Schutz gegen Stress und Depressionen

Wenn das Berufsleben mit einem immensen Leistungsdruck verbunden ist und wenn dann vielleicht noch ein großer Ehrgeiz und ein hoher Anspruch an sich selbst hinzukommt, dann ist die Gefahr hoch, sich auf Dauer zu verausgaben. Ein Burnout kann in eine Depression führen.

Auch andere Formen von Enttäuschungen können zu Depressionen führen. Gemeinsam ist ihnen, dass der Mensch auf das Materielle ausgerichtet ist, während er aber gleichzeitig in seiner tiefsten Seele nach einer Erfüllung hungert, die die äußere Welt nicht zu bieten hat: Liebe. Der veräußerlichte Mensch meint als Quelle der Liebe die Partnerschaft ausgemacht zu haben. Sehr häufig führt das zu Enttäuschungen.

Es ist nichts gegen die partnerschaftliche Liebe zu sagen. Wichtig ist, dass der Mensch die Prioritäten richtig setzt: Nur durch die Verbindung zu seiner inneren Quelle wird der Mensch vom bedürftigen Menschen zum gebenden Menschen. Wo zwei bedürftige Menschen aufeinandertreffen, ist die Enttäuschung vorprogrammiert. Diese Logik ist einfach und jedermann zugänglich. Dennoch wird nicht gelehrt und praktiziert, wie man die Quelle in sich aktiviert.

Stress im Berufsleben ist nicht an sich schlecht. Man kann unterscheiden zwischen Eustress und Distress, zwischen dem anregenden Stress, der unsere Leistung beflügelt und dem zerstörerischen Stress, der uns auf Dauer ausbrennt. Die Übergänge sind fließend.

Das heißt, die moderne Arbeitswelt ist nur ein Faktor für die Form des Stresses, den wir erleben. Der andere Faktor ist die eigene Wahrnehmung des Arbeitenden. Die Stressresistenz kann zunehmen, wenn der Mensch meditiert. Es ist nicht die Frage, ob die regelmäßige Einkehr zur inneren Quelle mit dem Berufsleben vereinbar ist. Es ist eher andersherum die Frage: Wie soll denn das Berufsleben bei guter Gesundheit bewältigt werden, wenn die regelmäßige Einkehr nicht praktiziert wird?

Schutz gegen Süchte

Nicht nur die Süchte nach bewusstseinsverändernden Drogen sondern auch unsere verschiedenen Alltagssüchte wie Alkohol, Zucker, Kaffee, Energy-Drinks, Fernsehen, Video-Clips, Computer-Spiele widersprechen einer gesunden Lebensweise. Ein Ansatz für die Erklärung der Süchte lautet: „Sucht SUCHT". Sucht entsteht aus einem Defizit, das der Süchtige durch sein Suchtmittel zu kompensieren sucht. Wer innerlich nicht erfüllt ist, sucht den Kick in Computerspielen, den drastischen

Darstellungen von Gewalt oder Pornografie oder in illegalen Autorennen.

Gutmeinende Mitmenschen möchten dem Süchtigen aufzeigen, wie schön doch das Leben ist und welche Möglichkeiten es bietet: Beruf und Familie, Freunde und Hobbies... Geht diese Art von Therapie wirklich an die Wurzel? Liegt die Wurzel nicht darin, dass die Verbindung zu Gott abgerissen ist? Ist das Leiden an der Entwurzelung wirklich ein Zeichen von einem schwachen Charakter? Sind nicht diejenigen, die in einer entwurzelten Gesellschaft süchtig werden, suchende Seelen, die dabei sind zu erwachen? Warum schafft es unser „Christentum" nicht mehr, dem Menschen innere Erfüllung zu verschaffen?

Es ist sicher nicht für einen Drogensüchtigen der erste Schritt, die Meditation zu erlernen. Aber vielleicht müssen wir umdenken: Nicht die Teilnahme am äußeren Leben führt zur inneren Erfüllung, sondern die innere Erfüllung ermöglicht uns erst wieder die Teilnahme am äußeren Leben.

Kontakt zu Gott aufnehmen, im Gebet „Rotzblasen und Dreierschnecken heulen" und seine Seele entlasten, spirituelle Veranstaltungen besuchen, und irgendwann, wenn die Seele wieder stabil ist, die Meditation erlernen. Das kann ein Weg sein raus aus der Sucht.

Der meditierende Mensch, der in sich die Ekstase zu erleben fähig ist, ist weder anfällig für Drogen noch giert er krankhaft nach ständig mehr äußeren Reizen. Fehlende innere Erfüllung ist das, was die Süchte zu kompensieren versuchen. Der von Kraft und Liebe erfüllte Mensch ist nicht mehr anfällig für Süchte.

Wir benötigen ein Christentum, das die Glückseligkeit nicht mehr auf ein nachtodliches Jenseits verschiebt, sondern das dem Gläubigen den Weg zu ekstatischen Erlebnissen aufzeigt.

Immunisierung gegen Viruserkrankungen

Es ist typisch für diese Zeit, dass der Mensch auf der Suche nach Glück und Vollkommenheit sich nach außen orientiert.

Abhängigkeitserkrankungen sind also eigentlich keine „Unfälle" für unsere Gesellschaft, sondern das typische Kennzeichen für unsere

Gesellschaft. Wir orientieren uns nach außen und machen uns abhängig, auch wenn es um ein Wissensgebiet wie die Gesundheit geht. Für seine Gesundheit ist zuerst jeder Mensch selbst verantwortlich, aber wir geben unsere Verantwortung ab an Experten, die Ärzte.

Neuerdings geben wir unsere Verantwortung außerdem ab an Politiker, die sich wiederum an den Experten orientieren, wissenschaftliche Institute. Nur so könne eine seriöse Gesundheitsfürsorge getroffen werden. Denn wer könne es schließlich besser wissen als die Experten? – Unser Vorgehen entspricht dem Prinzip der Abhängigkeitserkrankung.

Der Gesundheitsminister ist nicht mehr ein Arzt, und schon gar kein Gesundheitspraktiker, der durch die Anwendung der gesunden Lebensweise in der eigenen Lebensweise mit gesunder Ernährung, Sport und Meditation eigene Erfahrungen ansammelt, wie eine dauerhafte Gesundheit mit einem starken Immunsystem aufgebaut werden kann. Anstattdessen macht er sich abhängig von Expertenmeinungen und richtet sein politisches Handeln danach aus. Die meisten Menschen finden, dass das der seriöseste Weg wäre.

Doch gleicht das nicht einem Ausbilder in einem Handwerk, der dieses Handwerk gar nicht erlernt hat, der dafür sich von einem echten Handwerksmeister beraten lässt, wie er denn seine Lehrlinge ausbilden soll? Jedem ist klar, dass das ein Konstrukt ist, bei dem nur Murks herauskommen kann.

Wir brauchen ganz sicher Experten und Ärzte, die uns helfen und beistehen. Sicher ist aber auch, dass wir die Grundlage für unsere Gesundheit selber legen müssen durch eine gesunde Lebensweise. Dafür ist es wichtig, selber gewisse grundlegende Wirkmechanismen unseres Körpers zu verstehen. Unser Immunsystem baut sich auf durch eine gesunde Ernährung, durch gesunde soziale Beziehungen, durch eine Resilienz, die durch das Aufgehobensein in einem schlüssigen Weltbild und durch regelmäßige Meditation entsteht. Unser Immunsystem baut sich außerdem auf durch die beständige Begegnung mit Bakterien und Viren, nicht durch die Isolierung davon.

In der derzeitigen Politik ist es nicht nur erschütternd, dass es nicht mehr bekannt ist, wie sich ein gesundes Immunsystem auf natürliche Weise aufbaut. Das Erschütterndste daran ist, dass es niemanden mehr interessiert und dass die meisten Bürger auch gar nicht danach fragen. Die derzeitige Maxime lautet: Für den Schutz gegen Viruserkrankungen gebe es für Impfungen keine Alternative.

In der aktuellen Corona-Krise stellt sich immer mehr heraus, dass der „Gang zur Nadel" eine Abhängigkeit erzeugt. Aus zwei Impfungen werden drei Impfungen, aus drei Impfungen werden fortlaufende Impfungen, wenn herauskommt, dass wir Auffrischungen benötigen und dass neue Mutationen neue Impfungen benötigen.

Alternativen zu den Impfungen können sein: Aufklärung über die Wirkungen von Ausdauersport und gesunder Ernährung, oder auch einfach die Gabe von Mega-Dosen von Vitamin D bzw. Vitamin C. Diese Vitamingaben können als Injektion erfolgen, wenn wir doch das „Ritual der Spritze" so sehr benötigen, um unserer Seele zu suggerieren, dass etwas „getan" wird. Diese Alternativen werden offenbar nicht ernst genommen, obwohl die Wirksamkeit und die relative Ungefährlichkeit bei den Vitamingaben durch Studien belegt sind (im Gegensatz zu den Impfungen).

Man könnte ebenso postulieren, „In mein Café kommen nur noch Menschen, die Meditation praktizieren und mit einer gesunden Ernährung" wie, „In mein Café kommen nur noch Geimpfte". Solche Alternativen werden nicht diskutiert, weil wir diese offenbar nicht ernst nehmen. Ganz unabhängig davon, wie man nun zu den Impfungen steht und wie man deren Gefahren einschätzt: Leben wir nicht durch die Weisungen der Politik in einer extrem verzerrten Wahrnehmung davon, was unsere Gesundheit schützen kann? Ist diese verzerrte Wahrnehmung nicht an sich schon gefährlich???

Für die meisten Menschen ist es nicht verwunderlich, aber für sensiblere Menschen ist es höchst widersprüchlich: Auch von „christlichen" Politikern wird nicht eine Alternative gelehrt für den Aufbau eines gesunden Immunsystems, die dem christlichen Glauben entspricht: die Religion – also die „Rückverbindung" unserer Seele zu Gott, die Aufladung der Seele mit Yeshuas Heilstrom durch Gebet und Meditation. Diese Alternative wird nicht gelehrt. – Weil sie nicht bekannt ist? – Oder weil sie nicht ernst genommen wird? In beiden Fällen müssen wir uns fragen, wie es um unser „Christentum" bestellt ist!

Intuitives Wissen

„Sapere aude!"
(Habe Mut,
dich deines eigenen Verstandes zu bedienen!)

Wahlspruch der Aufklärung
von Immanuel Kant

Das Thema Gesundheit ist ein gutes Beispiel, wo es sichtbar wird, dass unsere Fixierung auf Verstand und Wissenschaft uns offenbar nicht in die Mündigkeit geführt haben. In der Epoche der Aufklärung ging es um die Emanzipation von der Kirche und ihren Lehrsätzen, an die man einfach glauben musste, ohne die Möglichkeit eigenen Nachprüfens. Heute scheinen die Wissenschaftler die neuen Kardinäle des Glaubens zu sein und die Politiker die Priester, die ihre Dogmen für das Volk verkünden.

Schon seit langem gibt es eine Hörigkeit gegenüber der Ärzteschaft, die die kritiklose Befolgung ihrer Anordnungen verlangt. Überwiegend werden von Ärzten des älteren Schlags Nachfragen zum eigenen Verständnis tatsächlich eher als Zweifel an ihrer Autorität denn als Interesse ausgelegt, ähnlich wie in der katholischen Kirche. Die Mündigkeit des Patienten ist häufig nicht erwünscht.

Dass das in unserer Gesellschaft so hingenommen wird, ist umso erstaunlicher, da doch die „medizinische Wissenschaft" nicht nur die Krankheiten nicht heilen kann, sondern da sie das sogar eingesteht mit ihrem Vorgehen, sie einfach als „unheilbar" zu erklären.

Wenn ein Handwerker postuliert, „dieser Auftrag ist unmöglich auszuführen", würde man es dann nicht einfach beim nächsten Handwerker probieren? In der Medizin wird es so hingenommen und als Dogma der alleinseligmachenden Schulmedizin akzeptiert. Die Medizin bleibt auch dann bei ihren Dogmen, wenn es bereits viele Publikationen gibt, die Heilungswege für viele „unheilbare" Krankheiten durch Ernährungsumstellung und weitere Änderungen der Lebensgewohnheiten aufzeigen. Diese Ignoranz bei der Ärzteschaft ist erschreckend genug, doch noch erschreckender ist, dass sie von den meisten Patienten so hingenommen wird und sie immer noch nicht „den Mut haben, sich ihres eigenen Verstandes zu bedienen".

Die aktuelle Entwicklung in der Corona-Krise zeigt, dass wir von einer Mündigkeit in Fragen der

Gesundheit weiter entfernt sind denn je. Wie kommt das, wenn doch Verstand und Bildung in unserer Gesellschaft so hoch im Kurs stehen und so gepflegt werden?

Jeder darf gerne seinen eigenen Standpunkt haben zur Gefährlichkeit des SARS-Cov2-Virus und zur Gefährlichkeit und Nützlichkeit der angebotenen Impfungen. Nur mit zwei ganz kleinen Beispielen sei angerissen, dass die Politik und die Medien täglich unseren Verstand beleidigen, ohne dass es die meisten Menschen überhaupt stört:

Ein „Corona-Test", der nicht in der Lage ist, zuverlässige Aussagen über eine Infektion zu machen, wird herangezogen, um täglich neue Zahlen über Positiv-„Fälle" zu liefern. Mit dem Bezug auf eine Einwohnerzahl von 100.000 Menschen werden „Inzidenzen" errechnet. Nun kann man natürlich die Inzidenzen zweier Landkreise oder zweier 7-Tage-Zeiträume überhaupt nicht vergleichen, wenn nicht sichergestellt ist, dass pro 100.000 Einwohner die gleiche Anzahl von Tests durchgeführt wurde. Durch die Anzahl der Tests (sowie durch die Auswahl der Getesteten – nur die Alten und Kranken oder alle?) können die Inzidenzen natürlich ohne Mühe in jede Richtung manipuliert werden. Das was diese Willkür unterbinden würde, wäre einfach die Zahl der Negativ-Getesteten bzw. die Anzahl der insgesamt durchgeführten Tests (und eine kurze Beschreibung der Teststrategie). Es ist erschreckend, dass sich die Menschen über Monate und Jahre von den Zahlen der Positiv-Getesteten und den daraus abgeleiteten Inzidenzen hypnotisieren und einschüchtern lassen, obwohl es nun wirklich nicht viel Verstandes bedarf um festzustellen, dass sie nicht aussagekräftig sind und dass wir überhaupt keine Möglichkeit haben, sie einzuordnen.

Ein weiteres Beispiel: Es wird uns versichert, die Krankheit verlaufe bei infizierten Geimpften im Vergleich zu infizierten Ungeimpften durchschnittlich leichter. Wie kann das überhaupt verglichen werden, wenn doch die meisten infizierten Ungeimpften gar nicht wissen, dass sie Corona haben – weil sie entweder symptomfrei sind oder weil die Symptome einer leichten Grippe ähneln?

Hier geht es nicht darum, irgendjemanden von einem bestimmten Standpunkt zum Thema Corona oder Impfen zu überzeugen. Hier geht es darum aufzuzeigen, dass unsere Unmündigkeit, die wir uns in Jahrzehnte und Jahrhunderten gegenüber der Ärzteschaft und Wissenschaft antrainiert haben, einen traurigen Höhepunkt erreicht hat. Wie kommt es dazu, nach zweihundert Jahren Aufklärung? Vielleicht ist unsere Überbewertung des Verstandes falsch? Vielleicht haben wir die eigentliche Wurzel der Mündigkeit und der Selbstermächtigung noch gar nicht gefunden?

Lesen wir doch den Wahlspruch Kants noch einmal genau: Vor dem Gebrauch des Verstandes steht der Mut. Weiter gefragt: Was ist die Wurzel des Mutes? Was gibt uns den Mut, die Bequemlichkeit der Fremdbestimmung abzuschütteln und uns unseres eigenen Verstandes zu bedienen? Es ist intuitives Wissen. Denn unser Erkenntnisprozess verläuft nicht so, wie es als Erkenntnistheorie geläufig ist und wie es unsere Wissenschaft vorgibt: Wir würden ergebnisoffen forschen und der Logik des Verstandes folgen, um zu neuen Erkenntnissen zu gelangen.

Natürlich gibt es das, aber das beschreibt nicht die Erkenntnispotentiale des Menschen. Diese Erkenntnistheorie ist abgeleitet aus einem unvollständigen, materialistischen Menschenbild. Der holistische Mensch – bestehend aus Körper, Seele, Geist – bedient sich der Intuition, und die

Wurzel der Intuition ist die innere göttliche Kraft, das Angefülltsein mit dem göttlichen Heilstrom.

Die Reduzierung des menschlichen Erkenntnispotentials auf Verstandesprozesse beschneidet den Menschen und beschreibt seine inneren Prozesse nur sehr unvollständig. Es geht nicht darum, dass es falsch wäre, den Verstand zu benutzen. Es ist nur keine vollständige Beschreibung menschlicher Erkenntnis. Der wahre Antrieb eines Verstandesforschens ist in der Regel ein intuitives Wissen, das zuvor schon da ist. Der Zweck des Forschens ist dann immer nur die Bestätigung, die Aneignung von Argumenten, die uns die Möglichkeit gibt, unser intuitives Wissen begrifflich zu kategorisieren und nach außen zu vertreten.

Weshalb zeigt es sich denn aktuell so, dass Corona und das Impfen die Gesellschaft spaltet in zwei unversöhnliche Lager? Das Austauschen von Argumenten führt sie nicht näher zusammen. Warum zeigt es sich so oft, dass Argumente wirkungslos sind? Die Antwort ist: Wir gehen von einem falschen Erkenntnismodell aus. Wir glauben, neue Erkenntnis entstünde durch Verstandesargumente, deshalb seien diese geeignet, ein Umdenken beim Mitmenschen anzuregen. Es funktioniert deshalb nicht, weil jeder seinem intuitiven Wissen folgt, oder dem, was er dafür hält. Denn es muss zwischen echter Intuition und äußerer Beeinflussung unterschieden werden.

Weitere Beispiele für zwei unversöhnliche Lager mit oftmals ähnlich unfruchtbaren Diskussionen sind Jäger und Jagdgegner oder Vegetarier und Fleischesser.

Echte Intuition ist ein Lernmodell, das zur Idee, die unserer Schulbildung zugrunde liegt, in diametralen Gegensatz steht. Die Schule glaubt, man müsse dem Schüler Informationen anbieten, damit er sich eine Sicht von der Welt, von der Schöpfung und vom Leben machen kann. Dieses Lernmodell ist nicht falsch, aber es ist unvollständig. Lernen geschieht ebenso durch unmittelbare Erfahrung, durch das Sich-Einlassen auf eine Situation bzw. durch die Einkehr in die Stille, durch das Sich-Loslösen von allen von außen kommenden Informationen, durch die Begegnung mit dem inneren Licht. In dieser Begegnung entsteht ein intuitives Wissen. Diese Begegnung ist etwas ganz anderes als „Nachdenken". Nur wenn wir uns von unserem Nachdenken lösen können, erfahren wir Antworten, Lösungen von Lebensproblemen oder Wissen über die Schöpfung, das bildlich in uns emporsteigt. Dieser Impuls „mutiviert" uns dann für die Beschäftigung mit dem Wissensangebot der Welt, wir werden dann zielsicher geführt zu den Büchern oder zu den Menschen, die uns Aufschluss geben können und uns helfen, unser intuitives Wissen zu bestätigen, in Begriffe zu fassen und schließlich anzuwenden. (Gehen die Begriffe „Mut", das englische „mood" = „Stimmung" und „Motivation" nicht aus dem gleichen Wortstamm hervor?)

Einweihungsriten der Indianer zum Beispiel, die eine Übernachtung in der freien Wildnis beinhalten, haben genau diesen Zweck: Durch eine außergewöhnliche Extremsituation, fernab der alltäglichen Lebensbezüge, den Verstand zu überlisten und den Zugang zum intuitiven Wissen zu ermöglichen.

Gelegentlich haben Meditierende keine guten Argumente für ihr intuitives Wissen, aber ihre Warnungen oder Hinweise haben eine Kraft, die die Menschen erreicht, die sich noch die Fähigkeit bewahrt haben, auf die Stimme ihres Herzens zu hören. Nicht immer reicht das Verstandeswissen der Träger intuitiven Wissens aus, um von den Skeptikern ernstgenommen zu werden. Um die Skeptiker zu überzeugen, wird allerdings ein Verstandeswissen kaum jemals ausreichen, weil

Überzeugung eben auf einer ganz anderen Ebene stattfindet.

Wenn jemand mit seiner Frau in ein Restaurant Essen gehen will und behandelt wird, als würde er dadurch zu einer Seuchengefahr für die Gesellschaft werden, dann fühlt er sehr genau, dass da etwas nicht stimmt. Das ist ein intuitives Wissen, für das es ganz sicher viele verstandesmäßige Gegenargumente gibt, die alle sehr überzeugend klingen. Der Verstandesmensch meint, er müsse für „die Aufklärung" seine Gefühle zurückstellen, die seien da nicht angebracht. Dadurch benutzt er jedoch nicht alle Potentiale der Erkenntnis. Der Herzensdenker geht davon aus, dass eine echte Wahrheit sowohl den Verstand als auch die Intuition anspricht. Deshalb hört er auf seine Gefühle. Diese leiten ihn zu anderen verstandesmäßigen Argumenten, die ein vollkommen anderes Bild ergeben.

Wer gelangt also eher zur Erkenntnis der Wahrheit? – Der, der nur seinen Verstand benutzt, oder der, der alle seine Erkenntnispotentiale mit einbezieht und dadurch zum Herzensdenker wird?

Im Gegensatz zum echten intuitiven Wissen steht die Beeinflussung von außen. Menschen, die über wenig eigene Erfahrung verfügen, bzw. die den inneren göttlichen Heilstrom nur wenig entwickelt haben, klammern sich anstatt dessen an äußere Autoritäten. Ihr Argument scheint stichhaltig, dass ja schließlich niemand besser bescheidwissen könne als ein „Experte". Doch birgt ihr Ansatz natürlich immer die Gefahr, von außen manipuliert und fehlgeleitet zu werden. Es geht nicht darum, dass „Expertenwissen" per se falsch sei. Es geht darum, dass dieser Erkenntnisansatz unvollständig ist und daher Gefahren birgt. Das „Auslagern" der universellen Quelle des Wissens, die ja eigentlich in uns ist, an „Experten" ist die beste Voraussetzung, um fehlgeleitet zu werden. Ist es nicht bedenklich, dass eine solche uninspirierte Politik heute als der höchste Standard gesehen wird?

In der Politik nicht auf Experten zu hören, trägt natürlich die Gefahr der Willkür in sich. Doch so zu tun, als ob blinde Expertenhörigkeit – wobei man ja auch noch eine bestimmte Auswahl der Experten trifft und jeden Diskurs ausschließt – der sicherste Weg wäre und Willkür und Irrtümer sicher verhindern würde, ist dumm und ignorant.

Alle großen Forscher der Geschichte kannten das intuitive Wissen, das sie auf eine bestimmte

Fährte geführt hat, sie hatten ihre „Muse", ebenso wie Künstler. Bei Forschern, die diese innere Inspiration nicht kennen, vertritt die Rolle der „Muse" allzuhäufig ein Geldgeber, der gewisse Ergebnisse der Forschung vorgibt. Hierbei wird gar nicht bestritten, dass auch diese Forscher ernsthaft arbeiten und Ergebnisse hervorbringen. Das liegt daran, dass ihr Arbeitsprinzip dem natürlichen Erkenntnisprozess folgt: Das Ergebnis ist schon da, die Experimente und Schlussfolgerungen liefern lediglich Erklärungen und Argumente. Leider funktioniert das bei von außen vorgegebenen Irrtümern genauso wie bei von innen gegebenem intuitiven Wissen. Um der Gefahr zu entgehen, von äußeren Autoritäten fehlgeleitet zu werden, ist es immer wichtig, die Verbindung zur eigenen inneren Quelle zu bewahren, die Fähigkeit zu behalten, auf die Stimme des eigenen Herzens zu hören. Sonst können wir es nicht mehr durchschauen, wenn uns die „Warnungen" der „Experten" nur manipulieren wollen, und wenn uns die Warnungen der Herzensdenker nur davor schützen wollen.

Glaube und Wissenschaft stehen nicht im Gegensatz zueinander. Aber der Glaube AN DIE Wissenschaft steht im Gegensatz zum inneren Potential intuitiven Wissens. Wenn das nicht unsere Richtschnur ist, führt uns das von außen kommende „Experten"wissen früher oder später in die Irre. Das bloße Verstandesforschen in der Materie, das die göttliche allwissende Quelle ausschließt, führt zur Hybris des Menschen, der sich selber anmaßt, Herr über die Schöpfung zu sein. Wer den Menschen als Einheit von Körper, Seele, Geist betrachtet, versteht den Erkenntnisprozess neu: Wahre Erkenntnis generiert sich aus dem inneren Wachstum und erkennt in Demut Gott als die Quelle des Wissens an, der uns von Innen inspiriert. Äußere Wissenschaft dient der Verifizierung, der Einordnung und der Umsetzung in der Materie. Dieser Erkenntnisprozess führt zu einem wahren Fortschritt der Menschheit im Sinne einer spirituellen Evolution, auch unter Einbeziehung der ständigen Erweiterung unserer technischen Möglichkeiten im Einklang mit der Schöpfung.

Die innere Inspiration wird eine größere Rolle ins uns einnehmen, wenn Yeshuas Heilstrom in uns anwächst. Der göttliche Heilstrom ist sozusagen „das Licht", in dem wir alles „sehen" können. In diesem Licht werden wir sicher auch die verschiedenen Standpunkte der Wissenschaftler besser beurteilen und einordnen können.

Die höchste Ernährung

Ich habe eine Speise zu essen,
von der ihr nicht wisset.

Johannes 4,32

Der Heilige Gral ist ein Füllhorn für Nahrung.
Der Heilige Gral ist in uns.

Für viele Veganer ist der Veganismus die Grundlage der gesunden Lebensweise. Für viele Rohkost-Veganer ist der Rohkost-Veganismus die Grundlage der gesunden Lebensweise. Die Ernährung spielt eine grundlegende Rolle für unsere Gesundheit, ist sie doch die Grundlage unseres Stoffwechsels. Obengenannte Denkweisen führen dazu, dass viele Menschen es sehr eilig haben, ein Veganer bzw. ein Rohkost-Veganer zu werden. Dabei schießen sie oft über das Ziel hinaus.

Unsere Zellen sind seit Jahrzehnten oder Jahrhunderten auf eine bestimmte Ernährung programmiert (die Seele bringt eine Programmierung aus den Vorinkarnationen mit).

Eine Umprogrammierung geht nicht durch eine plötzliche Umstellung aus einer Kopf-Entscheidung heraus. Eine stimmige Umstellung vollzieht sich in einem Prozess, der Rückfälle und Ausnahmen bewusst zulässt, um nichts zu verdrängen.

Verdrängung in der Ernährungs-Umstellung führt zu Fanatismus, führt zu versteckten Aggressionen. Es gibt genug Veganer, die Fleischesser verbal oder auch tätlich angreifen. Diese Fehlentwicklungen sind nur die Spitze des Eisberges, die hinweisen auf eine Umstellung, die sich nicht im allmählichen Prozess einer Zell-Umprogrammierung vollzogen hat, sondern durch eine mehr oder weniger plötzliche und gewaltsame Verdrängung.

Vielfach wird auf dem geistigen Weg ein Eifer an den Tag gelegt, sehr schnell „sein Leben zu ändern", „ein neues Leben zu beginnen". Doch ist sein Leben zu ändern, um dem Geistigen näher zu kommen, nicht etwa so, als wollte man die Metallspäne mit der Hand zu einem Kraftfeld ausrichten, damit sie einen Magneten anziehen? Muss nicht der Magnet zuerst da sein, und dann werden sich die Metallspäne schon von alleine ausrichten?

Nach meiner Auffassung ist die Kraftquelle für die Neu-Ausrichtung unserer gesamten Lebensführung nicht „Disziplin", sondern Yeshuas Heilstrom, den wir in der tiefen Meditation erfahren. Dann haben wir den Magneten, der die einzelnen Metallspäne von alleine entsprechend seinem Kraftfeld neu sortiert. Deshalb ist es nicht notwendig für den geistigen Weg, für den Prozess der Transformation, sein gesamtes Leben und seine Ernährung umzukrempeln. Es ist notwendig, sich auf Gott auszurichten und dann, wenn es von innen kommt, mit der Meditation zu beginnen. So wie Yeshuas Heilstrom in uns stärker wird, so wird sich unsere Lebensführung von ganz allein, ohne Zwang und Druck und Selbstkasteiung, nach und nach verwandeln.

Wenn doch die Ernährung in der gesunden Lebensweise eine solche grundlegende Rolle spielt, so ist zu fragen: Welche Ernährung ist die grundlegende Ernährung, die Ernährung, die für alle Menschen für ihr Überleben unabdinglich ist? – Und die Ernährung, die gleichzeitig die höchste Stufe in der Ernährungs-Entwicklung darstellt? Ist es nicht die Prana-Ernährung? Sind wir nicht alle „Breatharians"? – D.h. ernähren wir uns nicht alle durch die mit dem Atem aufgenommene Lebenskraft? Was auch immer wir an fester

Nahrung zu uns nehmen oder nicht zu uns nehmen – wären wir nicht „Breatharians" könnten wir nicht leben, kein einziger Mensch auf dieser Erde!

Viele Menschen wollen erklären, unser wahres Wesen wäre es Fleischesser zu sein, und begründen das entwicklungsgeschichtlich. Andere erklären, unser wahres Wesen wäre es veganer Rohköstler zu sein und begründen das aus der Genesis in der Bibel oder aus den physiologischen Bedürfnissen unseres Körpers.

Aus spiritueller Sicht aber liegt unser wahres Wesen im Geistigen, und die Grundlage unserer Ernährung ist die geistige Lebenskraft, Prana. Die Yeshua-Meditation führt uns zu einer Ernährungsumstellung, die umgekehrt verläuft: nicht von außen durch verstandesmäßige Erkenntnisse, sondern von innen durch die Zunahme der geistigen Lebenskraft.

Wir brauchen uns dann nicht eine Schublade erschaffen wie Vegetarier, Veganer oder Rohkost-Veganer. Sondern das Maß der inneren Erfüllung durch Yeshuas Heilstrom führt von alleine dazu, dass niedrigschwingende Nahrung uns immer weniger anzieht, dass es uns immer mehr zu höherschwingender Nahrung hinzieht.

Das ist ein Prozess, wo nicht Wünsche unterdrückt werden, sondern wo eine allmähliche Umprogrammierung der Zellen stattfindet. Niedrigschwingende Ernährung bedeutet tierische Ernährung, Alkohol, Gezuckertes. Hochschwingende Ernährung bedeutet pflanzliche Ernährung, besonders die Früchte. Rohkost ist in der Regel höherschwingender als Gekochtes oder Gebratenes. Aber das Augenmerk soll nicht darauf liegen, Gekochtes und Gebratenes zu tabuisieren, sondern sich in der Meditation immer tiefer mit Yeshuas Heilstrom zu verbinden.

Der Mensch entgeht einer herabziehenden Wirkung seiner Nahrung auch einfach, indem er weniger isst, auch wenn er seine Nahrungsauswahl möglicherweise nicht optimal gestaltet. Wir brauchen das Essen nicht künstlich von außen einschränken. Yeshuas Heilstrom führt allmählich von alleine dazu, dass wir weniger essen.

Hier liegt die beste Nahrungsergänzung.

Hier liegt die beste Vorsorge für eventuelle Umbruchs-Zeiten, wo äußere Nahrung nicht mehr in dem Maße zur Verfügung steht – und nicht in vollen Vorratsschränken!

Hier liegt die beste Grundlage für eine tiefgreifende Transformation des Körpers – nicht in von außen auferlegten Zwängen, sondern im allmählichen Erwachen der in uns liegenden Nahrungsquelle. Wir sollen uns nicht eine solche Entscheidung auferlegen: Will ich Prana-Köstler werden oder nicht? – Wir alle SIND Prana-Köstler! Es geht überhaupt nicht darum, als Prana-Köstler in einem Hau-Ruck-Prozess dahin zu gelangen, alle feste Nahrung zu meiden („21-Tage-Prozess" / „3-Tage-Prozess). Es geht darum, dass wir es lernen, Prana bewusst zu erleben und allmählich bewusst in unser Leben mit einzubeziehen.

Da sprachen die Jünger untereinander:
Hat ihm jemand zu essen gebracht?
Jesus spricht zu ihnen:
Meine Speise ist die, daß ich tue den Willen des,
der mich gesandt hat,
und vollende sein Werk....

Johannes 4, 33-34

In der Meditation können wir Yeshuas Heilstrom bewusst aufnehmen. Um „im Strom zu bleiben" ist es jedoch wichtig, sich auch im äußeren Leben zu bemühen, mehr und mehr die göttlichen Gesetze zu erfüllen. Damit begeben wir uns in einen Prozess, der weit über einen künstlich auferlegten Veganismus hinausgeht.

Wer sich als Ernährungs-Fetischist auf die Suche nach der „perfekten Ernährung" macht und diesen Weg wirklich konsequent weitergeht, der bleibt nicht bei Vegetarismus und Veganismus und Rohkost stehen:

Er gelangt zu „Yeshuas Heilstrom".

Uneingeschränkt alt werden

Oft findet man in einer Todesanzeige die Worte:

„...er hat gekämpft und verloren."

Darin drückt sich eine Haltung der Gesellschaft aus, die den Tod immer noch abwertet. Sie sieht ihn nicht als einen Übergang zu einem anderen Leben, sie sieht ihn nur als Ende, als Verlust, als Niederlage. Es gibt bei den meisten Menschen keinerlei Verbindung zu dem „anderen Leben", zum Leben nach dem Tod. Das Lebensbejahende eines Menschen zeigt sich angeblich dadurch, dass er sich dem Hinüberscheiden bis zum letzten Moment entgegenstemmt.

Bei dieser Beschreibung ist es eigentlich fraglich, ob sie wirklich das Erleben des Dahingeschiedenen ausdrückt, oder ob sie nicht nur einem Versuch der Hinterbliebenen entspringt, das Unfassbare zu deuten und dabei den Verstorbenen zu glorifizieren – als einen Menschen, der immer das Leben bejaht hat. Der Dahinscheidende selber erlebt seinen Prozess vielleicht ganz anders: als eine Krankheit, bei der der Tod als die ersehnte Heilung erfahren wird.

Der Tod als Niederlage... – In dieser Sichtweise spiegelt sich die materialistische Lebensauffassung der meisten Menschen:

- Dieses eine Erdenleben wäre das einzige Leben, das es gibt.

- Seelenwelten und Himmelswelten würden der Fantasie des Menschen entspringen, Botschaften, die davon berichten, wären einfach nur erdachte Märchen.

- Genauso wären die Schilderungen des Lebens des Jesus von Nazareth und seiner Lehren nur erdachte Märchen.

Das ist die Haltung vieler Menschen, auch wenn sie dem Menschen durchaus zugestehen, dass er nicht nur Körper ist, dass er aus Körper, Seele, Geist besteht. Doch über die Ganzheitlichkeit des Menschen wird nicht tiefer nachgedacht, Seele und Geist werden einfach als die Funktionen und Reflexionen unserer irdischen Erlebniswelt und unseres materiellen Gehirns gedeutet. Entsprechend würden sie unser irdisches Leben nicht überdauern.

Für den der sich mit einer „Wissenschaft vom langen Leben" beschäftigt, ist es grundlegend, sich damit zu beschäftigen, was „Leben" im ganzheitlichen Sinn überhaupt bedeutet. Denn die reduzierende Sichtweise, die den Menschen letztlich nur als Körper versteht und Seele und Geist nur als Funktionen des Körpers, führt zu untauglichen Ansätzen. Es sind lächerliche Ansätze, die nicht funktionieren, es sind Ansätze, die zu einer Form von Leben führen, die unnötiges Leid verursacht, es sind letztendlich Ansätze, die in der Entwicklung unserer Seele Schaden anrichten. Gemeint sind hier zum Beispiel: Frischzellenkur, Organtransplantation, Einfrieren des Körpers, Gentherapie.

Nur wenn wir unsere Haltung zu Leben und Tod hinterfragen, nur wenn wir spirituelle Fragen stellen, und nur wenn wir die Ganzheitlichkeit des Menschen als Einheit aus Körper, Seele, Geist verstehen, gelangen wir zu Ansätzen für ein langes Leben, die wirklich Türen aufstoßen und einen Durchbruch bringen können.

Das „Warum" für ein langes Leben besteht für den materialistischen Menschen in der Angst vor dem „Nichtsein", in der irrigen Auffassung, dass jede künstliche Verlängerung des Erdenlebens immer noch besser wäre als „nicht zu existieren", egal welche Opfer und Leiden, welche eingeschränkte Lebensqualität es mit sich bringt.

Wer den Menschen ganzheitlich sieht, betrachtet die Seele mit dem innewohnenden Geist als eine eigenständige Entität, die den irdischen Körper überdauert. Für diesen Menschen gibt es keine Angst vor dem Tod mehr – nur noch vor dem Leiden, das der Sterbeprozess mit sich bringen könnte. Das „Warum" für ein langes Leben besteht für den ganzheitlich denkenden Menschen nicht mehr in einem Vermeiden des Todes, der nur noch als ein Übergang von einer Welt in die andere gesehen wird. Das „Warum" kann für diesen Menschen nur noch in der spirituellen Entwicklung gesehen werden. – Wenn ein längeres Erdenleben gut für die spirituelle Entwicklung ist, dann ist das ein guter Grund für eine Lebensverlängerung. Wenn die spirituelle Entwicklung besser in den jenseitigen Bereichen fortgesetzt werden kann, dann wird das Hinüberscheiden gerne akzeptiert.

- Die materielle Welt ist die Erde, und der Körper, um sich darin zu bewegen, ist der physische Körper.

- Die astralen Welten sind die Seelenreiche, und der Körper, um sich darin zu bewegen, ist die Seele.

- Die kausalen Welten sind die Himmelreiche, und der Körper, um sich darin zu bewegen, ist das Geistwesen.

Das innewohnende Geistwesen ist das Ebenbild Gottes im Menschen, oder auch: der innere Christus. Die christliche Lehre zeigt dem Menschen den Weg der Transformation auf, vom Tiermenschen über den Kulturmenschen zum Gottmenschen. Die ganzheitliche Sicht auf Körper, Seele, Geist eröffnet uns die drei Bedeutungsebenen des Lebenselixiers und die drei Bedeutungsebenen der Formulierung „uneingeschränkt alt werden".

Eine ganzheitliche Sicht des Menschen ist ohne eine spirituelle Sichtweise nicht zu erfassen, denn „Geist" meint nichts anderes als das spirituelle Urbild im Menschen, als das reine Kind Gottes im Menschen. Die Seele wurde gebildet aus der Summe unserer Gedanken, Worte und Taten. Die Seele mit ihren egoistischen Fehlhaltungen löst sich mit dem Tode nicht einfach auf.

- Daher endet „das Leben" mit dem irdischen Tode nicht.

- Daher gibt es auch nach dem irdischen Tode nicht einfach nur die Extreme „Himmel oder Hölle"

- Daher bedarf die Seele der Seelenwelten, um sich in einem allmählichen Entwicklungsprozess dem himmlischen Leben wieder anzunähern.

Dieser Entwicklungsprozess kann auch mehrmalige Reinkarnationen beinhalten. Das Erdenleben ist die Schule, wo die Seele in schnellerer Zeit reifen kann, solange sie die Reife für noch höhere Regionen in den Seelenwelten nicht erlangt hat.

Nur diese ganzheitliche Sicht des Menschen kann zu einer wirklichen Antwort führen auf die Frage: Warum wollen wir denn überhaupt länger auf dieser Erde leben??? Die Ausgangsfrage ist so einfach: Was bedeutet denn „Leben" eigentlich, was ist die Ganzheitlichkeit von Körper, Seele, Geist?

Wer diesen Fragen auf den Grund geht, gelangt von ganz alleine zu einem mystischen Christentum, das die Grenzen der kirchlichen Theologie sprengt. Wenn wir uns mit diesen tiefergehenden Fragen nicht befassen wollen, aber nach einer Verlängerung des Erdenlebens forschen, dann gleichen wir dem Zauberlehrling, der mit Kräften hantiert, die er nicht wirklich begreift.

- Das „Lebenselixier" auf der materiellen Ebene besteht aus den Ingredienzien Ernährung, Bewegung, Bio-Rhythmus, eine erfüllende Tätigkeit und gesunde soziale Beziehungen. Die Komponenten unserer äußeren Lebensführung sind die Ingredienzien des Lebenselixiers auf der Bedeutungsebene des Materiellen. An den letzten beiden Punkten sieht man bereits, dass die Übergänge zum Seelischen fließend sind. „Uneingeschränkt alt werden" bedeutet hier, dass ein Altwerden ohne die Einschränkungen durch Krankheiten möglich ist.

- Das „Lebenselixier" auf der astralen Ebene meint, sich im Leben eine sinnvolle Beschäftigung aufzubauen, in der man aufgeht. Für andere da sein hält jung, die Schönheit der Natur genießen hält jung, eine Kunst oder ein Handwerk zu betreiben hält jung. Es geht um die Freude am Leben, die bewusst erfahren wird. „Uneingeschränkt alt werden" bedeutet hier, dass ein Altwerden ohne die Einschränkungen durch Siechtum, Depression und verminderte Freude am Leben möglich ist.

- Das „Lebenselixier" auf der Ebene des Geistes meint den göttlichen Heilstrom, der in der Meditation erfahrbar ist. Diese „Nahrung von innen" ist die wahre Frischzellenkur. Sie geht einher mit einem allmählichen Reduzieren der äußeren Nahrung im Alter, ohne Druck oder Kasteiung. „Uneingeschränkt alt werden" bedeutet hier, dass ein gesundes und erfülltes Alter sogar ohne eine Beschränkung der Jahre möglich ist!

Yeshuas Heilstrom ist das Lebenselixier, von dem im Zusammenhang mit dem „Heiligen Gral" gesprochen wird. Wer sich durch die Aufnahme des Heilstroms immer mehr vergeistigt, wessen Körper immer höherschwingender wird, der kann die Schwelle erreichen, wo der materielle Körper in die geistigen Welten übertritt und sich, je nach Bedarf, auf der Erde wieder materialisiert. Yeshua ist nach der Kreuzigung in seinem materiellen Körper mitten unter die Jünger getreten, hat vom Apostel Thomas seine Wunde berühren lassen und hat sogar Fisch gegessen. Er ist nach seinem Gang nach Emmaus „verschwunden" (hat sich dematerialisiert) und hat schließlich seine Himmelfahrt angetreten.

Wer die Himmelfahrt in das Reich der Märchen verbannt, und Yeshua ein zweites Leben als Erdenmensch in Indien andichtet, hat er wirklich die spirituelle Botschaft des Christentums erfasst und in sich aufgenommen? Henoch und Elias, oder der indische Babaji (Lord Shiva) haben dasselbe vollbracht. In neuerer Zeit wissen wir von St. Germain, dass er in Europa und Nordamerika sich über Jahrhunderte immer wieder materialisierte und „verschwand".

Die spirituelle Botschaft des Christentums ist nur dem eingängig und nachvollziehbar, der wirklich die Ganzheitlichkeit des Menschen als Körper, Seele, Geist begreift. Wer von dieser Ganzheitlichkeit spricht, sollte sich die ganze Tragweite bewusst machen, die unglaublichen Potentiale menschlichen Seins, die den Rahmen unserer Alltagserfahrung sprengen.

Das Ziel der Nachfolge Yeshuas ist es nicht, so lange wie möglich auf der Erde bleiben zu dürfen. Das Ziel ist die Transformation, verbunden mit dem Wunsch dann in die geistigen Ebenen einzugehen, wenn es Gottes Wille ist. Unsere auf die Materie bezogene Forschung sucht nach dem Schlüssel für ein hohes Alter, oder sogar nach dem Schlüssel zur Unsterblichkeit. Es ist so ignorant, sich nicht damit beschäftigen zu wollen, dass dieser Schlüssel längst gefunden ist! Doch wie so oft erwarten zahlungskräftige Auftraggeber einen Schlüssel, der ihnen nichts abverlangt. Der Schlüssel für ein hohes Alter und zur Unsterblichkeit ist gefunden! Er ist kostenlos, doch er bedeutet, seine Lebensführung zu ändern. Der Schlüssel für ein hohes Alter bedeutet, sich in die Naturgesetze und die kosmischen Gesetze einzuordnen, in seiner Lebensführung mehr und mehr den Willen Gottes zu erfüllen und in der regelmäßigen Meditation Yeshuas Heilstrom aufzunehmen.

Leben in der Fülle

Er muss wachsen, ich aber muss abnehmen.

Johannes 3,30

Wer mir dienen will, der folge mir nach...

Johannes 12, 26

Der Sinn des religiösen Weges ist, zum inneren Reichtum zu finden, ist, durch die Erschließung göttlicher Gesetzmäßigkeiten im Alltag, sowie durch Gebet und Meditation, zu immer tieferen geistigen Erkenntnissen und Ekstasen zu finden. Leider wird eine solche Sichtweise in den Kirchen kaum noch gelehrt, so dass das Christentum nur noch wirkt wie ein bisschen Streicheln der Seele durch schöne Worte, Rituale und die Feste im Jahreslauf. Ein mystisches Christentum, das sich an der Nachfolge dessen orientiert, der „das Licht der Welt" genannt wird, strebt selbstverständlich Erleuchtung an.

Dieses mystische Christentum bedeutet aber andererseits ganz bestimmt nicht, in Sack und

Asche herumzulaufen und sich im äußeren Leben mit beengten Verhältnissen zufrieden zu geben. Wer mit Verweis auf den inneren Reichtum die äußeren Dinge und die schnöde Materie verachtet, der kaschiert damit allzuoft nur, dass er es nicht vermag, sein Leben zu ordnen und sich und seinem Umfeld einen auskömmlichen Wohlstand aufzubauen. Natürlich bedeutet das Dienen am Nächsten, ihn in einen angenehmen Wohlstand zu führen. Und das bedeutet für den christlichen Weg natürlich auch, diesen Wohlstand im eigenen Leben zu erreichen. Die Richtschnur für die irdischen Verhältnisse, die nach Möglichkeit auf dem geistigen Weg anzustreben sind, ist der gehobene Mittelstand.

Viele „Reichtums-Lehrer" wollen uns heutzutage allerdings in eine Fülle führen, die sich sehr auf die Materie konzentriert. Sie führen dafür allerlei geistige Gesetze an und suggerieren, es ginge ihnen um ein immer tieferes Erfassen des Universums. Um zu einem wahrhaft tieferen Erfassen des Universums zu gelangen, ist es wichtig, sich mit den drei Ebenen der Schöpfung auseinanderzusetzen: der materiellen, der astralen und der kausalen. In dieser ganzheitlichen Sichtweise der Schöpfung spiegelt sich die ganzheitliche Sichtweise des Menschen wider, von Körper, Seele, Geist.

Christus ist der höchste Herr auf der Erde und in den Reinigungsebenen, also auf der materiellen und der astralen Ebene. Anders gesagt: Aller Reichtum auf diesen Ebenen GEHÖRT IHM!

Wenn es nicht unser höchstes Ziel ist, Christus zu dienen, dann ist unser ganzes Streben nach Reichtum und Fülle ein Ego-Weg. Wir können auf diesem Weg Erfolge feiern und Fortschritte erlangen. Doch das höchste Ausschöpfen unseres Potentials, wenn es darum geht, immer tiefer in die Geheimnisse des Universums einzudringen, erreichen wir auf diesem Weg nicht.

Ja, wir dürfen die Fülle erleben, im Inneren und auch im Äußeren! Dennoch bedeutet der geistige Weg, sich nicht an die Materie zu binden. Die materielle Sichtweise führt dazu, die Fülle im Haben zu sehen. Doch das Leben wird nicht dadurch reicher, indem wir mehr Dinge haben. Unser Leben setzt sich immer zusammen aus dem, was wir erleben, aus dem, was wir tun, aus unserem Tagesablauf, aus dem, wie wir die Zeit unseres Lebens nutzen. Wer am meisten hat, erlebt deshalb nicht das Leben am intensivsten. Am intensivsten erlebt das Leben der, der ganzheitlich lebt, der alle Potentiale von Körper,

Seele, Geist aktiviert, der also auch das Spirituelle mit einbezieht und ein spirituelles Leben führt.

Wer in den materiellen Gütern ein Ziel an sich sieht, der kann nur früher oder später enttäuscht werden, denn wir gehen von dieser Erde so nackt wie wir gekommen sind. „Das letzte Hemd hat keine Taschen". Es wird uns alles wieder genommen. Wenn wir auch über den Tod hinaus nicht loslassen können, dann bleibt die Seele erdgebunden und kann sich solange nicht höherentwickeln, wie sie ihren Irrtum nicht einsieht.

Der Sinn von einem „Leben in der Fülle" ist es nicht, Reichtümer anzuhäufen auf der Ebene des Habens. Der Sinn ist es, sich in der Entfaltung seiner Potentiale nicht von äußeren Umständen begrenzen zu lassen und durch einen Weg des Dienens eine Integration zu erfahren. Die Exzesse mancher im Äußeren erfolgreicher und reicher Menschen zeigen auf, dass sie im tiefsten Inneren verarmt sind. Sie leben in einem Defizit, das sie zu kompensieren suchen. Kein Mensch braucht drei Häuser oder einen eigenen privaten Vergnügungspark, kein Mensch braucht eine ganze Flotte von Luxusautos oder einen eigenen Düsenjet. Dass diese Auswüchse nicht zu einem reicheren Erleben des Lebens beitragen, liegt auf der Hand. Wer innerlich taub und leer ist, wen die beglückende Kraft des göttlichen Heilstroms nicht erreicht, der sucht im Äußeren immer stärkere Reize, ohne wirklich eine innere Befriedigung zu finden.

Die neuesten Auswüchse der Superreichen sind Reisen ins Weltall. Der Mensch träumt davon, andere Planeten zu besiedeln. Dieser Traum ist im Menschen angelegt, denn es ist unsere Bestimmung, andere Planeten zu besiedeln. Der Irrtum besteht lediglich darin, dass die Menschen alles auf die Materie beziehen. Natürlich werden wir andere Planeten besiedeln – dann, wenn wir die Lektionen auf dem „Schulungsplaneten Erde" gelernt haben und auf ihm alle unsere Aufgaben erfüllt haben.

Weit entwickelte Menschen können bereits während ihres Erdenlebens in Astralreisen andere Planeten besuchen.

Unser Ansinnen aber, unseren materiellen Körper, der ein Körper der Erde ist, ins All zu schießen und vielleicht einmal in der weiteren Entwicklung als Erdenmensch andere Planeten zu besiedeln, ist ein lächerlicher Gedanke und bedeutet die Verschwendung von ungeheuren Ressourcen. Je eher wir es gelernt haben, unser Leben auf der Erde für uns und für unsere

Mitmenschen besser zu machen, desto eher überwinden wir den erdgebundenen Kreislauf der Reinkarnationen und können die unendlichen Weiten der Schöpfung entdecken.

Die stümperhaften Ausflüge der Superreichen ins Weltall sind nur weitere Anzeichen für den Verfall eines wahren spirituellen Christentums und für die Verirrung der Menschheit.

Seit vielen tausend Jahren besuchen Raumschiff-Flotten von anderen Planeten diese Erde. Der Grund, weshalb wir nicht mit ihnen zusammenarbeiten können, weshalb wir nicht mit ihnen in ihren Raumschiffen mitfliegen können, weshalb wir nicht von ihnen lernen können, ebensolche Raumschiffe selber zu bauen, liegt nicht in unserer mangelnden technischen Entwicklung, sondern in unserer mangelnden spirituellen Entwicklung. Wer wirklich Interesse daran hat, das Weltall zu entdecken, der beschäftigt sich mit der Struktur des Universums mit ihren drei Ebenen Materie, Astralwelt und Kausalwelt. Die Erde ist der Planet im Universum mit der Materie, die am meisten verdichtet ist. Jede Reise in das Weltall führt zu feinstofflicheren Bereichen!

Es ist lächerlich und ignorant, für dieses Ziel nur auf der Materie zu arbeiten. Das kann stets nur dahin führen, dass wir weiter am äußersten Rand des Weltalls etwas kratzen, anstatt in seine Tiefen vorzudringen. Natürlich ist es ein großer Schritt hin zur Ermöglichung von Entdeckungsreisen ins Universum, wenn wir unsere Lebensführung auf Gott ausrichten und es lernen, durch die Aufnahme des göttlichen Heilstromes unseren Körper mehr und mehr zu durchlichten und zu vergeistigen.

Viele Reichtums-Lehrer, die in Büchern, Seminaren und auf Video-Plattformen ihre Weisheiten anbieten, vermitteln uns nicht wirklich ein stimmiges Bild davon, was ein Leben in Fülle bedeutet. Es wird immer wieder suggeriert, wenn wir nur über die geeigneten Mittel verfügen würden, dann könnten wir unsere wahren Potentiale entfalten und würden innere Erfüllung erfahren.

Das ist jedoch nicht der Weg, wie er der Wahrheit des Lebens auf der Erde entspricht. Der Weg heißt umgekehrt, in der Gegenwart zu leben und in der gegenwärtigen Situation den nächsten Schritt zur Entfaltung unserer Potentiale zu erkennen. Wer seine Potentiale zum Wohle der

Menschheit entfaltet, der wird immer im rechten Moment die geeigneten Mittel erhalten, die es ihm ermöglichen, seinen Weg weiter zu beschreiten.

Der Weg heißt, in der Gegenwart zu leben und in der gegenwärtigen Lebenssituation regelmäßige Einkehr zu pflegen. Es geht darum, den Heilstrom Yeshuas, das größte Geschenk dessen, dem alles gehört, in sich zu erfahren. Es ist so töricht und blind, nach der Fülle nur im Äußeren zu streben, und nicht die Fülle und den Reichtum anzunehmen, die bereits in uns sind!

Wenn uns ein Leben in der äußeren Fülle als das große Heilsziel vorgegaukelt wird, dann verachten wir unsere einfachen Lebensverhältnisse. Doch genau diese einfachen Lebensverhältnisse, in die wir gestellt sind, bieten uns die Chance, für den Nächsten da zu sein – und ermöglichen uns sicher auch, ein Plätzchen zur Einkehr zu finden. Der Weg zum wahren Wachstum ergibt sich daraus, dass wir diese Möglichkeiten schätzen lernen und nicht daraus, dass wir sie verachten.

Sich selber als religiös bezeichnende Menschen haben leider sehr oft eine sehr moralische Herangehensweise an den geistigen Weg. Sie möchten, dass man „auf dem rechten Weg" bleibt und verurteilen die Sexualität. Sie gehen von der Annahme aus, der Mensch müssen sich zwischen „dem rechten Weg" und seiner Sexualität entscheiden. Es ist jedoch so, dass wir eine solche Entscheidung gar nicht fällen KÖNNEN. Wir KÖNNEN unsere Sexualität nicht einfach so von uns abschneiden, ein solcher Weg der Unterdrückung ist auch gar nicht das, was die geistige Welt von uns will.

Der wahre Konflikt, die wahre Entscheidung liegt darin, ob wir im Herzen, in unseren Gebeten und Meditationen uns trotzdem an Christus wenden, als der „sündige" Mensch, der wir nunmal noch sind. Es ist die Finsternis, die uns davon abhalten will, indem sie uns einflüstert, wir wären nicht würdig dazu. Wir alle sind würdig, Yeshuas Heilstrom zu erfahren, wir müssen uns Yeshuas Heilstrom nicht verdienen! Es ist das Geschenk Yeshuas an die ganze Schöpfung! Es ist nicht der Weg, dass wir unser Leben ändern müssten, damit wir würdig werden für Yeshuas Heilstrom. Diese Sichtweise gaukelt die Finsternis uns vor und gibt sie als die göttliche Sichtweise aus – um uns vom Göttlichen fernzuhalten! Entscheidend ist, dass wir uns im Herzen, in unseren Gebeten und Meditationen dem Göttlichen zuwenden. Durch Yeshuas Heilstrom entsteht dann ein Prozess der Transformation, der uns verwandelt.

Wir ändern nicht unser Leben, um den Gral zu finden. Sondern wir finden den Gral, und DAS ändert dann unser gesamtes Leben!

Der reichste König des Universums bietet es uns an, mit ihm in seinem Schloss zu wohnen. Wer ihm dient, geht einen Weg zur Fülle, auf dem er sich nicht in der Materie verstrickt, sondern der zu höheren Ebenen führt und den Menschen frei macht von den Zwängen der Materie. Wer ihm dient, an dem Platz, an den er gestellt ist, wird immer die materiellen Mittel erhalten, die er für seinen Weg benötigt. Der größte Reichtum des Lebens ist nicht, was wir haben, sondern die Fülle an Begegnungen, Erfahrungen und Erkenntnissen, welche wir im Leben gewinnen.

Wie arm wir im äußeren Leben auch sein mögen, in uns allen ist das größte Geschenk gelegt, die kostbarste Essenz des Universums: Yeshuas Heilstrom.

Die innere Erfüllung führt zur äußeren Erfüllung. Es tun sich in dem Maße Türen in unserem Leben auf, wie Yeshuas Heilstrom in uns wächst...

Der große Kampf

Die göttlichen Kräfte und die satanischen Kräfte, die Kräfte des Lichts und die Kräfte der Finsternis stehen in einem uralten Kampf. Durch die Erlösertat des Herrn ist der Sieg errungen, das heißt, die Finsternis kann ihre Ziele nicht mehr erreichen, egal was sie tut. Natürlich sind noch nicht alle Dunkelkräfte zu dieser Einsicht gelangt. Die Aktivitäten derer, die sich bis heute noch nicht haben von Christus bekehren lassen, sind nicht mehr ein aussichtsreicher Kampf, sondern mehr wie ein trotziges Aufbäumen. Die Koordination der satanischen Kräfte ist nicht mehr einheitlich, es gibt verschiedene Hierarchien, die zu verschiedenen Anführern führen und die sich gegenseitig, wenn nicht direkt bekämpfen, so doch zumindest stören und schwächen.

Nichtsdestotrotz sind die satanischen Kräfte weiterhin gefährlich, können viele verführen und können weiterhin die Menschen und Seelen in Gefangenschaft, Sklaverei und unsagbares Leid verstricken. Daher ist es so wichtig, sich zu positionieren und eine Entscheidung zu treffen. „Bürgerlichkeit" ist eigentlich nichts anderes als ein Synonym für eine Gesellschaftsschicht, die noch unbewusst lebt, die noch keine Entscheidung getroffen hat. Die „Bürgerlichen" betrachten den Kampf zwischen Licht und Finsternis als ein fantastisches Märchen, geeignet für Fantasy-Filme zur Unterhaltung. Daher können sie das, was um sie herum geschieht, nur schwer einordnen – und in der heutigen Zeit, wo sich der große Kampf immer mehr zuspitzt – immer weniger einordnen. Daher verdrängen die „Bürgerlichen": das Näherkommen der Kriege, das Elend in der Welt, die tiefere Bedeutung der Religion, die Sterblichkeit des Menschen... Die „Bürgerlichen" sind leicht verführbar. Da eine Entscheidung für das Licht auf der Erde immer unbequem ist und von Anfang an mit Opfern verbunden ist, tendieren die Bürgerlichen logischerweise mehr zur Finsternis. Die Finsternis lockt gerne mit dem bequemen Weg zu Aufstieg und Wohlleben, zu Wissen und Macht. Sie verschweigt den Preis, der erst später zu zahlen ist. Den Preis teilt die Finsternis erst dann mit, wenn sich der Mensch schon so weit verstrickt hat, dass es ohne ein Opfer kein Zurück mehr gibt.

Der „Weg des Guten" ist der unbequeme Weg. Hierbei muss man wachsam sein, denn auch der satanische Weg gibt sich gerne als „Weg des

Guten" aus. Er stellt es so dar, dass die Engelhierarchie verlogen wäre, dass sie sich einem Gott unterwerfe, der seine Versprechen vermeintlich nicht einhält, oder dass ihr Gott unvollständig wäre, weil der „wahre" Gott ja beides, Gut und Böse beinhalte. Suchende, die spirituell nicht aufgeklärt sind, sind für solche Ausführungen anfällig. Wie sollen sie auch das Geschehen des Falls und seine Konsequenzen verstehen, wenn die „christlichen" Kirchen darüber nicht aufklären?! Darum ist eine spirituelle Aufklärung so wichtig, die sich nicht an den Grenzen der begrifflich eingeschränkten Bibel orientiert, sondern die die Wahrheit ausdrückt, mit einer Sprache, die nicht die „östliche Wahrheit" von der „westlichen Wahrheit" abspaltet.

Der Schöpfergott, der auch Gott-Vater genannt wird, beinhaltet natürlich beides, Männlich und Weiblich, Yang und Yin. Es ist der „Vater-Mutter-Gott", und wer ein Bedürfnis hat zu gendern, kann diesen Begriff durchgehend verwenden. Die Bezeichnung „Vater" kommt uns entgegen, weil es sich um EIN Wesen handelt, und weil das Männliche im Universum das führende Prinzip ist. Dadurch wird das weibliche Geschlecht nicht abgewertet, denn Yang und Yin sind nur in der Einheit vollständig und wirksam.

Daher bedeutet „Gott-Vater" im mystischen Christentum immer der Schöpfergott, der Yin und Yang beinhaltet. Abgewertet wird das weibliche Prinzip durch die Zuordnung von Gut und Böse, die es in den kruden Mythologien satanistischer Kreise gibt: Das Männliche wäre das Gute, das Weibliche wäre das Böse.

Gott ist vollständig, er beinhaltet Yin und Yang, beide Prinzipien. Nur durch die Polarität ist er schöpferisch und kann Schöpfung entstehen, nur durch die Wirksamkeit eines gebenden und eines empfangenden Prinzips. Die Einheit von Yin und Yang ist uneingeschränkt gut, das Gute ist das Ewige. Das Böse ist das, was sich gegen den beide Prinzipien umfassenden Schöpfergott stellt. Das Böse ist vergänglich. Gott ist nicht das Böse, und Gott hat auch nicht das Böse erschaffen. Sondern Gott hat seinen Kindern den freien Willen gegeben, darum hat Gott es ZUGELASSEN, dass sich seine Kinder gegen ihn stellen und in ihrer Boshaftigkeit andere seiner Geschöpfe verführen und sie in Finsternis und Leiden verstricken. Es ist verlogen, wenn die Satanisten behaupten, sie wären diejenigen, die durch die Einheit von Gut und Böse erst die Ganzheitlichkeit herstellen. Sondern das Böse ist es, was die Einheit von Yin und Yang bekämpft und das somit die Trennung der Dualpartnerschaften herbeigeführt hat!

Die Wesen, die sich gegen Gott stellen, haben einen Teil der göttlichen Energie und der Himmelswelten von Gott erhalten, so dass sie in freiem Willen ihre Welt gestalten können. Doch die Rebellion gegen Gott führt eben niemals in eine Welt, die über Gott steht, führt niemals in einen Aufstieg, sondern immer nur in einen Abstieg, führt niemals in die spirituelle Evolution, sondern immer nur in die Devolution.

Der Begriff „Satanismus" umfasst zwei ganz verschiedene Bewegungen:

- die Bewegung der „Satans-Anbeter"

- und die Bewegung derer, die keinen Herrn über sich anerkennen und sich selber zu Gott machen wollen.

Das letztere ist der ursprüngliche Impuls der satanischen Rebellion: keinen Gott über sich anerkennen zu wollen – keinen Schöpfer und keinen Hirten, dessen Schaf man sei. Man möchte seine eigene Schöpfung erschaffen und sieht es als eine Verleugnung der eigenen göttlichen Natur, einen Gott über sich anzuerkennen.

Grundlegendes spirituelles Wissen fehlt hier oder wird ausgeblendet:

- Alle schöpferische Kraft, die wir je haben können, kommt nur von Gott, dem Vater.

- Das Ziel der Auflösung der Schöpfung, das die satanischen Kräfte von Anbeginn verfolgen, um die eigene Schöpfung in eigener Regie neu zu erschaffen, würde auch die eigene Auflösung bedeuten. Oder es bliebe nur der eine „Ober-Satan" übrig, wer immer das auch sei. Kein Wesen will seine eigene Auflösung!

- Wir sind als „Individuen" erschaffen, und das bedeutet, unzerstörbare Gotteskinder. Als solche gelangen wir alle früher oder später dahin zurück, wo unsere Reise begonnen hat: in das Reich Gottes, wo wir seine Kinder sind. Sein Kind zu sein, ist unsere innere Natur. Das innere Gotteskind ist das unzerstörbare Wesen in uns, von wo wir alle Kraft empfangen. Diese Kraft müssen wir im Gegensatz zu den satanischen Energien nicht zurückzahlen, sondern wächst in uns und verhilft uns zu wahrer spiritueller Entwicklung.

- Aller Trotz gegen Gott, welche Höhen des Erfolgs wir auch auf diesem satanischen Weg erringen werden, macht uns nicht so glücklich, wie Gott mit kindlichem Herzen zu lieben. Der Zusammenbruch des satanischen Egos wird der höchste Glücksmoment unseres ganzen bisherigen Daseins sein!

Das ist grundlegendes spirituelles Wissen, gegen das wir antrotzen können, dessen Wahrheit davon aber unberührt bleibt. Anders gesagt: Die satanischen Wege sind nur Umwege. Die Rückkehr zu Gott und unser Eingehen in die ewigen Himmel ist UNAUSWEICHLICH! Die Anerkennung des Christus als unser Erlöser, dessen Erlöserkraft die Stütze unserer Seele ist, die uns beschützt und nachhause führt, ist UNAUSWEICHLICH!

Heißt das jetzt, wir haben doch keinen freien Willen? In gewisser Weise heißt es das. Der „freie Wille", der dem Ego-Denken entspringt, und der sich gegen Gott richtet, ist an die Zeit gebunden – er ist zeitlich – er ist begrenzt. Wir selber entscheiden, WANN wir zur göttlichen Wahrheit zurückkehren. Wir können an unserem Ego festhalten, aber damit halten wir auch immer fest an der Ebene des Zeitlichen. Sein eigenes Wesen zu entdecken – ein Kind Gottes zu sein – und damit in das EWIGE Leben einzugehen – ist UNAUSWEICHLICH. Wenn wir das erleben, dann IST es unser freier Wille, das Ego loszulassen, weil das Glücksgefühl der kindlichen Liebe zum Schöpfergott alle bis dahin erlebten Triumphe auf dem satanischen Weg weit, weit übersteigt.

Dieses Erleben bewirkt ein freudiges Sich-Eingliedern in die himmlische Hierarchie. Dieses Sich-Eingliedern und Unterwerfen ist genau das, wogegen sich die satanischen Kräfte in ihrem Ur-Impuls immer gewehrt haben. Wer den Sieg der christlichen Erlösung über die Finsternis begreift, dem geht auf, in welch desolatem Zustand sich die satanischen Hierarchien heute, zweitausend Jahre später, befinden müssen. Es gibt nicht mehr „den" Ober-Teufel, es gibt verschiedene Fürsten der Finsternis, deren Macht nicht unterschätzt werden darf. Und doch ist es folgerichtig, dass sie die Versprechungen, die der satanische Weg seinen Adepten macht, niemals nachhaltig einlösen können.

Um es krass auszudrücken: Die satanischen Fürsten können nichts geben, denn sie stehen mit leeren Händen da. Sie können ihre Diener und Knechte „nicht ausbezahlen", denn sie haben selber „einen Arsch voll Schulden". Ihre Energie, über die sie verfügen, ist nur geborgt. Es ist unrechtmäßig erworbene Energie, die sie früher oder später zurückzahlen müssen. Diese Zurückzahlung, die Wirkung ihres Karmas, schieben sie auf, indem sie immer wieder arme Seelen aussaugen und sich auf diese Weise mit gestohlener Energie „über Wasser halten". Es kommt für jeden Unter- oder Ober-Fürsten der Finsternis der Punkt, an dem die Lage kippt: Wo ihre Macht, arme Seelen auszusaugen, nicht mehr ausreichen wird, die Macht des über lange Zeiträume angewachsenen Karma-Kontos zurückzuhalten.

Ihr Handeln ist mehr von der Angst bestimmt als von der Lust an der Macht. Es ist vergleichbar mit dem Weg eines Drogensüchtigen: Am Anfang ist es die Lust am Rausch, die ihn zum Konsum treibt. Sehr bald ist es aber mehr die Angst vorm Entzug und den schrecklichen Qualen, die damit verbunden sind. Wie sollten denn die Fortgeschrittenen auf dem satanischen Weg und die Fürsten der Finsternis noch von Weisheit und von der Lust an der Macht erfüllt sein? Wer das glaubt, ist naiv und versteht nicht, dass die Werbungen der Finsternis nicht ein Angebot von fortgeschrittenen Weisheitslehrern bedeutet, sondern das angstvolle Agieren von tief Verstrickten, die mit der Vergrößerung ihrer

Anhängerschaft ihren eigenen Hintern retten wollen.

So ist das Angebot der „Illuminaten", der angeblich „Erleuchteten" für diejenigen verlockend, die bisher nicht wussten, dass es geistige Kräfte gibt, und wie man mit ihnen arbeitet. Leider spielt das kirchliche Christentum den Illuminaten in die Hände, indem es die Existenz von und den Umgang mit geistigen Kräften nicht lehrt. Daher ist es so wichtig, dass es endlich ein mystisches Verständnis vom Christentum gibt, dass Bücher über geistige Kräfte nicht nur von Satanisten geschrieben werden! Es ist so wichtig, dass endlich ein Christentum erblüht, das die kirchlichen Tabus durchbricht der Beschäftigung

-   mit „der Wissenschaft von der Transformation des Menschen", im Hinduismus „Yoga" genannt,

-   mit Karma und Reinkarnation,

-   mit dem Weg zu Erleuchtung und Ekstase, da doch gerade das Christentum dazu aufruft, einem nachzufolgen, der als „das Licht der Welt" bezeichnet wird...

Nur die Mystiker, die die geistigen Gesetze erkennen und sich bewusst für das Licht entscheiden, können auf dieser Erde im „großen Kampf" einen Teil beitragen für das Herabkommen des Friedensreiches auf die Erde.

Den Zerfall der Gesellschaft und der alten Strukturen, die Aushöhlung von Sitte und Moral, die Zunahme von Egoismus, Vereinzelung, von allerlei auf sich selbst bezogenen Gruppierungen und von Satanismus, die immer drastischer und schrecklicher werdenden Naturkatastrophen und kriegerischen Auseinandersetzungen – es fällt uns immer schwerer, diese Zeit zu begreifen. Wenn wir verstehen, dass es in alledem um „den großen Kampf" geht, dann erkennen wir mehr und mehr in allen Begebenheiten die Zeichen der Zeit und ihre Bedeutung.

Wir sind aufgefordert zu erkennen, dass wir als Kinder Gottes unseren Beitrag für das Kommende zu leisten haben. Wer bewusst täglich Yeshuas Heilstrom in sich aufnimmt, der kann mehr und mehr vom Geist geführt werden und erhält die Kraft zu Taten, die sich die Bürgerlichen nicht erklären können...

Quellenangaben

[1] Bibelzitate nach Lutherbibel 1912

[2] Sebastian Stranz, *Christliches Yoga*, BoD – Books on Demand, Norderstedt, 2016

[3] *Die Strahlungsfelder - Die Entstehung der Fallwelten und die Zukunft der Menschheit, Eine Offenbarung und eine Prophetie, die die Welt nicht kennt*, gegeben der Prophetin im Herrn durch das Innere Wort im Herbst 1981, leider nur noch gebraucht erhältlich;
Das ist Mein Wort - Alpha und Omega - Das Evangelium Jesu. Die Christus-Offenbarung, welche inzwischen die wahren Christen in aller Welt kennen, Gabriele-Verlag Das Wort

[4] sinngemäß aus
Yogiraj Sat Gurunath Siddhanath,
„Flügel zur Freiheit – Reise eines Nath Yogis",
Deutsche Ausgabe: Hamsa Yoga Sangh (Hrsg.),
2011